FLEUVES et RIVIÈRES

Andrew Haslam et Barbara Taylor

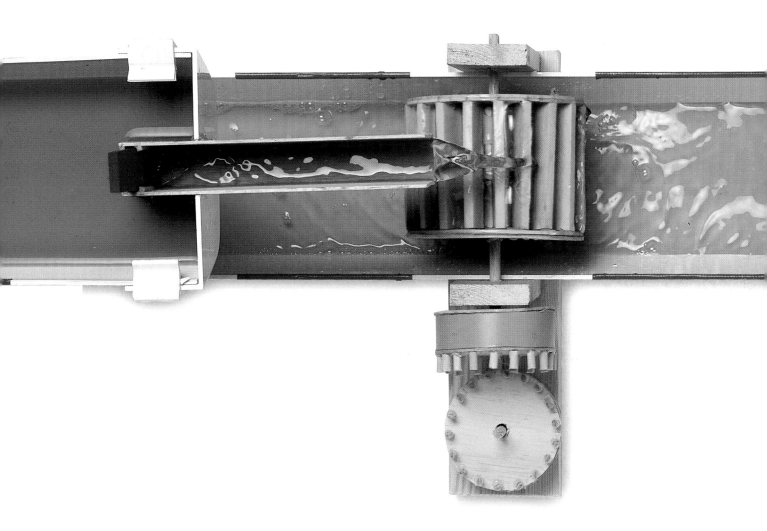

Les Éditions du
Carrousel

ISBN : 2-7456-0255-1

Texte : Barbara Taylor
Consultant : Dr Geraldene Wharton BSc, PhD
Rédactrice : Jacqueline McCann
Direction artistique : Carole Orbell, Jill Plank
Dessinatrice : Helen McDonagh
Coordination éditoriale : Christine Morley
Fabrication : Joya Bart-Plange
Photographes : Jon Barnes, Matthew Ward
Iconographie : Debbie Dorman, Dipika Palmer-Jenkins
Modèles réduits : Melanie Williams, Peter Griffiths, Paul Holzherr
Merci aux modèles : Matthew, Vanisha et Zakkiyah
Traduction : Jean-Philippe Riby
Photocomposition : Nord Compo
Imprimé et relié en Chine

Collection conçue en collaboration avec Franklin Watts, Londres

Crédits photographiques :
Britstock-Ifa / Jean-Pierre Vollrath : p. 21 ; Britstock-Ifa / Jim Nelson : p. 27 ; Bruce Coleman / Atlantide : p. 35 ;
Bruce Coleman / Charlie Ott : p. 9, p. 14 ; Bruce Coleman / Jeff Foott Productions : p. 44 ;
David Parker / Science Photo Library : p. 24 ; G.S.F. Picture Library : p. 11 ; Harvey Maps Ltd : p. 4, p. 13 ;
Nic Dunlop / Panos Pictures : p. 30 ; Oxford Scientific Films / Paul McCullagh : p. 16 ; Planet Earth Pictures / Andre Bartschi : p. 32 ;
Robert Harding / Michael Jenner : p. 22 ; Survival Anglia / Tony Bomford : p. 10 ; Zefa : p. 42.

Sommaire

Définition des mots en caractères **gras** dans le texte

La géographie

La géographie nous aide à comprendre le passé de la Terre, ses changements présents et son évolution possible dans le futur. Pour mieux expliquer notre planète, les géographes étudient les caractéristiques de la Terre comme les cours d'eau, les roches, les océans et le temps qu'il fait. C'est ce qu'on appelle la géographie physique.

Le travail des géographes

La géographie est une science de la terre qui n'a pas seulement pour objet les phénomènes naturels mais aussi les réalités humaines. Les géographes étudient en effet la façon dont l'homme utilise l'espace pour l'habitat, l'agriculture, le commerce ou les transports. C'est ce qu'on appelle la géographie humaine.

▽ *La carte et la boussole figurent parmi les nombreux instruments utilisés par les géographes.*

Les fleuves et les rivières

Les cours d'eau jouent un rôle important dans la création des paysages. Ils creusent des **vallées fluviales,** des pentes et des falaises selon des processus d'**érosion.** Ils emportent aussi des roches, du sable et de la boue qu'ils déposent ailleurs, comblant ainsi des lacs ou créant de riches terres fertiles. Ce livre est consacré aux cours d'eau et à tout ce qu'on peut rencontrer le long des fleuves ou des rivières, comme les chutes d'eau, les grottes et les **méandres.**

Comment utiliser ce livre

Les géographes doivent étudier de nombreux domaines. Dans ce livre, nous avons utilisé des symboles particuliers pour préciser le contenu de certains paragraphes :

▥	statistiques	▦	énergie
▲	géographie physique	▨	**géologie**
☔	météorologie	♟	géographie humaine

▲ Le cours d'un fleuve

Un fleuve se compose de trois grandes sections. La première, appelée **cours supérieur,** commence à la source et coule généralement à travers des montagnes où les vallées sont encaissées, les eaux torrentielles et le lit des cours d'eau assez étroit.

La seconde partie est constituée par le **cours moyen.** La vallée fluviale est plus large et plus profonde, comme le fleuve lui-même qui charrie sables, graviers, boues ou autres **sédiments,** ce qu'il ne faisait pas auparavant sur son cours supérieur.

La dernière section est le **cours inférieur.** Le fleuve serpente lentement dans une large plaine, déposant une partie des sédiments qu'il transporte, puis il se jette dans la mer.

granite *(roche dure)*

grès *(roche tendre)*

ardoise
(roche dure)

🏔 L'utilité de la géologie

La forme du relief dépend aussi de la nature du sous-sol. Certaines roches sont tendres et peuvent facilement subir l'érosion du vent, des eaux fluviales ou de la pluie. D'autres sont dures et constituent les montagnes et les collines. Les spécialistes des roches s'appellent des géologues. Mais les géographes doivent eux aussi étudier le sol et le sous-sol afin de comprendre la formation du relief.

△ *Les géographes recherchent des échantillons géologiques.*

Jeune Découvreur

La démarche d'un Jeune Découvreur en géographie repose sur des expériences qui te feront mieux comprendre comment les phénomènes géographiques façonnent notre planète. La découverte des maquettes te permettra d'en savoir davantage sur les cours d'eau.

⚠ La sécurité d'abord

Pour certaines expériences de ce livre, tu devras utiliser des objets pointus ou coupants. Demande à un adulte de t'aider. Certaines activités se déroulent en plein air près de cours d'eau. Demande à un adulte de t'accompagner. Le symbole ci-dessus te le rappellera.

Les outils des géographes

Les géographes utilisent des cartes pour étudier la formation des paysages, les établissements humains ou tout simplement pour s'orienter. Une boussole indique la direction à suivre. Un pic et une brosse sont bien utiles pour prélever et nettoyer des échantillons de roche à identifier, ou encore des **fossiles** enfouis dans les couches géologiques. Les photographies, les esquisses de paysages ou de détails intéressants permettent d'en garder une trace précise.

◁ *La photographie est un bon moyen de constituer des archives sur l'évolution géologique d'un lieu.*

▽ *En étudiant les fleuves, les géographes peuvent aider à prévenir les dangers des inondations qui menacent les hommes et les biens.*

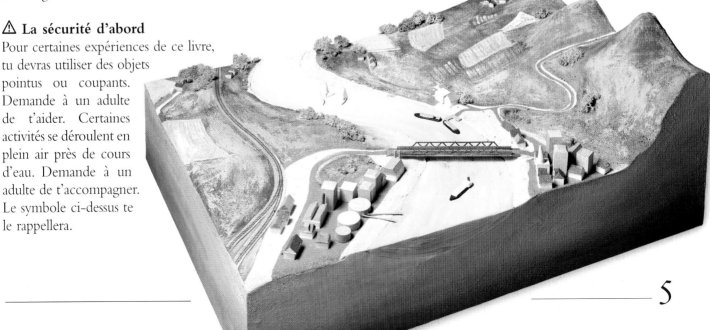

Les grands fleuves

Les fleuves et les rivières sont de grands rubans d'eau, le plus souvent à l'air libre. Tous les cours d'eau coulent dans un sillon ou chenal naturel qu'ils ont creusé. Les eaux courantes représentent en moyenne 40 000 km³ par an, c'est-à-dire suffisamment d'eau pour recouvrir toutes les terres émergées d'une hauteur de 30 cm. Chaque année, les cours d'eau transportent environ 20 milliards de tonnes de roches et de sédiments arrachés à la terre qu'ils déversent dans les océans ou dans les lacs.

👥 L'homme et les fleuves

Certaines des métropoles mondiales ont grandi sur les rives ou au débouché d'un fleuve. Shanghai s'est développé le long du Yangzi, en Chine. New York, aux États-Unis, est un port de premier rang à l'embouchure de l'Hudson. Le Caire, la plus grande ville d'Afrique, a été créé au bord du Nil, il y a plus de mille ans.

Dans le monde entier, les populations vivent près des cours d'eau, car elles en ont besoin pour l'alimentation, l'agriculture, l'industrie et les transports. Fleuves et rivières présentent néanmoins des dangers. Les inondations, par exemple, anéantissent les récoltes, détruisent des bâtiments et font de nombreuses victimes, notamment parmi les populations des deltas.

▽ *Symboles permettant la localisation rapide des plus grandes zones de delta, villes et chutes d'eau :*

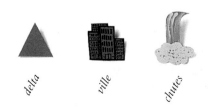

delta   ville   chutes

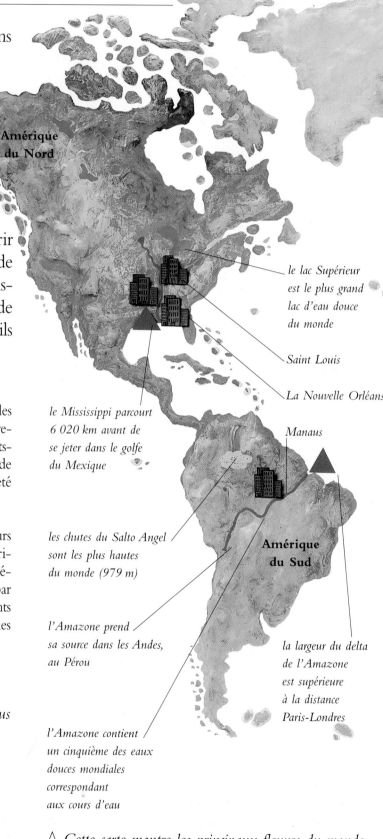

Amérique du Nord

le lac Supérieur est le plus grand lac d'eau douce du monde

Saint Louis

La Nouvelle Orléans

le Mississippi parcourt 6 020 km avant de se jeter dans le golfe du Mexique

Manaus

les chutes du Salto Angel sont les plus hautes du monde (979 m)

Amérique du Sud

l'Amazone prend sa source dans les Andes, au Pérou

la largeur du delta de l'Amazone est supérieure à la distance Paris-Londres

l'Amazone contient un cinquième des eaux douces mondiales correspondant aux cours d'eau

△ *Cette carte montre les principaux fleuves du monde et certaines des grandes agglomérations établies le long de leur cours.*

Pourquoi les gens vivent-ils près des fleuves ?

*le lac Baïkal,
en Russie, est le lac
le plus profond du
monde (1 620 m)*

Tomsk

l'Ob

la Volga

*delta du
Danube*

Budapest

Europe

Asie

*le fleuve Jaune ou
Huang He transporte
le plus de sédiments
(environ 1,6 milliard
de tonnes par an)*

Afrique

*Shanghai, en Chine, est l'un des grands
ports de l'embouchure du Yangzi Jiang*

Le Caire

*le fleuve Bleu ou Yangzi Jiang
est le plus long fleuve d'Asie*

delta du Mékong

l'Indus

Calcutta

*delta
du Niger*

le Nil

Bangkok

chutes Stanley

*le Brahmapoutre
et le Gange forment
le plus grand delta du
monde (75 000 km²)*

Océanie

*les chutes Victoria
ont 107 m de haut*

Adélaïde

*le Murray, le Darling et le Murrumbigee
forment le plus grand bassin* **hydrographique**
d'Australie

⫼ La dynamique des fleuves

Fleuves et rivières ne sont pas seulement constitués d'eau. Ils transportent en effet de très grandes quantités de sédiments qui contribuent à façonner le paysage. Afin de mesurer la capacité du fleuve à éroder des matériaux et à les transporter, les géographes calculent le volume d'eau du fleuve et la vitesse à laquelle il coule.

Les géographes déterminent la quantité d'eau reçue par les cours d'eau et celle infiltrée dans le sol. Les eaux de pluie ruissellent jusqu'aux fleuves ou aux rivières, mais une partie pénètre aussi dans le sol et il est important de connaître la quantité d'eau tombée ainsi que la capacité du sol à retenir les eaux.

Le cycle de l'eau

Le cycle de l'eau est le mouvement perpétuel de l'eau entre les continents, les océans et l'**atmosphère.** Bien que les cours d'eau contiennent moins de 1 % de toute l'eau douce à la surface du globe, ils constituent un élément essentiel de ce cycle.

Le recyclage de l'eau

Le Soleil chauffe l'eau des ruisseaux, des rivières, des fleuves, des lacs, des océans et de la végétation. L'eau s'évapore, c'est-à-dire qu'elle se transforme en **vapeur d'eau,** qui s'élève dans l'atmosphère, car elle pèse moins lourd que l'air froid. En altitude, la vapeur d'eau refroidit et revient à l'état liquide sous forme de gouttelettes. C'est la condensation. Les gouttelettes s'assemblent pour former des nuages et finissent par tomber sous forme de pluie, de grêle ou de neige. Puis le cycle recommence.

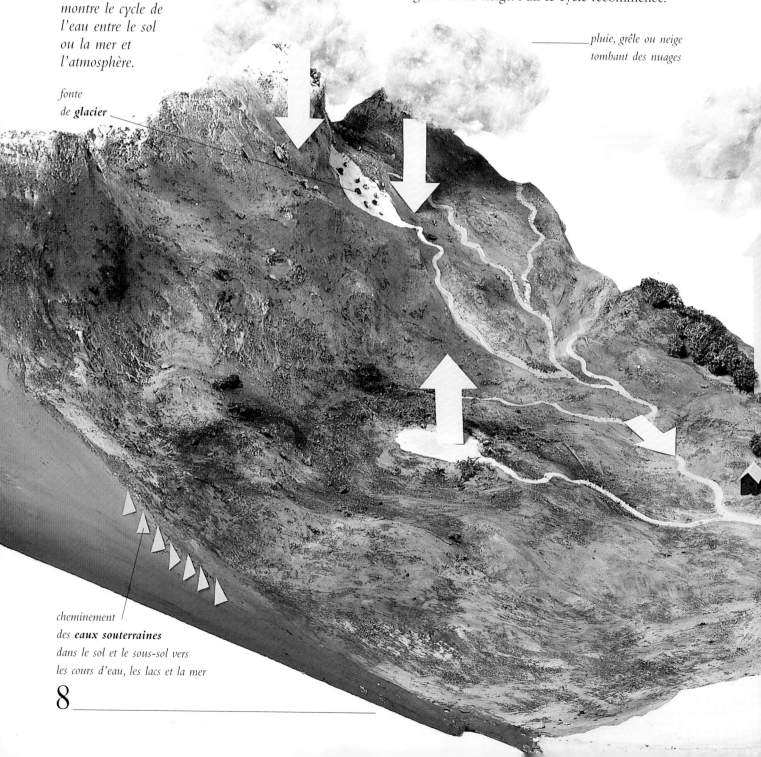

▽ *Cette maquette montre le cycle de l'eau entre le sol ou la mer et l'atmosphère.*

fonte
de glacier

pluie, grêle ou neige tombant des nuages

cheminement
des eaux souterraines
dans le sol et le sous-sol vers
les cours d'eau, les lacs et la mer

△ *Les pluies sont souvent plus fortes en montagne. Comme la température y est plus basse, elle favorise la condensation de la vapeur d'eau et les précipitations.*

Les formes de l'eau

L'eau existe sous trois formes. Elle est liquide dans les cours d'eau, les lacs et les océans. C'est aussi de la vapeur d'eau, c'est-à-dire un gaz invisible dans l'air. Elle se présente enfin à l'état solide de glace dans les glaciers et les eaux gelées.

Une réserve d'eau douce

L'eau de notre planète est recyclée en permanence, de sorte qu'elle demeure toujours en même quantité. Mais 97 % de l'ensemble des eaux à la surface du globe sont salés et constituent les mers et les océans. La plus grande partie de l'eau douce est gelée dans les calottes glaciaires et glaciers des pôles et des montagnes, donc inutilisable. Comme l'eau en s'évaporant perd son sel, la vapeur d'eau contenue dans l'atmosphère est de l'eau douce.

OBSERVATION DU CYCLE DE L'EAU △

Ce qu'il te faut : 12 briques, un carreau de verre (à renforcer avec de l'adhésif sur les côtés), un panneau de fibres de bois, un bac en plastique et une bouilloire.

1 Empile les briques, le carreau et le panneau de fibres comme ci-dessus. Les briques figurent les montagnes, le bac la mer, le verre l'atmosphère et le panneau de fibres le sol.

2 Demande à un adulte de faire bouillir un peu d'eau et de la verser dans le bac. Ici, nous avons ajouté un colorant bleu pour mieux suivre l'expérience.

Résultat : La vapeur monte, comme l'eau de la mer quand elle est chauffée par le Soleil. Quand elle rencontre la paroi de verre, plus froide, elle se condense et retombe en gouttes, comme l'eau qui forme les nuages et se déverse en pluie. L'eau tombe sur le panneau de fibres et glisse le long de la pente vers le bac, comme l'eau des rivières et des fleuves vers la mer.

nuages formés de millions de gouttelettes d'eau ou de glace en suspension dans l'air

évaporation de l'eau du sol et de la mer

condensation de l'eau et formation de nuages

Les sources

Le lieu d'émergence d'un cours d'eau porte le nom de source. Bien des fleuves parmi les plus grands du monde sont issus d'une simple cavité naturelle dans le sol. L'eau filtre du sol environnant en un mince filet appelé suintement. Même des grands fleuves comme le Nil en Égypte ou l'Amazone en Amérique du Sud viennent d'une petite source. D'autres cours d'eau ont pour origine un marais, un lac ou l'extrémité d'un glacier en montagne.

△ *Dans les zones marécageuses comme ce marais en Irlande, le sol est gorgé d'eau et colonisé par des plantes dont les racines, feuilles et tiges retiennent une grande quantité d'eau.*

ESSAI D'ÉCOULEMENT

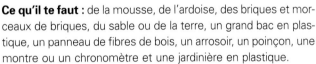

Ce qu'il te faut : de la mousse, de l'ardoise, des briques et morceaux de briques, du sable ou de la terre, un grand bac en plastique, un panneau de fibres de bois, un arrosoir, un poinçon, une montre ou un chronomètre et une jardinière en plastique.

1 Fais un trou avec le poinçon à une extrémité du bac. Remplis le bac de mousse et mets en place le bac, les briques, la jardinière et le panneau comme ci-dessus. Le trou d'écoulement du bac doit se trouver juste au-dessus du panneau, côté jardinière.

2 Remplis l'arrosoir, puis répartis l'eau de façon égale sur la mousse. Chronomètre le temps mis par l'eau pour filtrer à travers la mousse et couler sur le panneau. Tu remarqueras que la mousse, que l'on rencontre dans les zones marécageuses ou les tourbières, retient bien l'eau.

3 Recommence l'expérience avec de la terre ou du sable dans le bac. Tu remarqueras que l'eau entraîne un peu de sable avec elle. Cela prouve que les cours d'eau se chargent de **roches sédimentaires,** qui retiennent moins bien l'eau que la mousse et qui sont déposées plus loin en aval.

L'écoulement de l'eau

Certaines roches, comme la craie ou le calcaire, sont caractérisées par des pores et des fissures qui facilitent l'écoulement de l'eau. Ce sont des roches **perméables.** Les roches qui ne laissent pas passer l'eau sont dites imperméables. La taille et la structure des particules d'une roche détermine sa perméabilité.

⛰ Sources, glaciers et marais

Parfois, l'eau s'accumule en sous-sol. Elle coule sur les roches imperméables jusqu'à ce qu'elle resurgisse à l'air libre et devienne une source. De nombreux cours d'eau prennent leur source en montagne.

Les glaciers sont de véritables « fleuves de glace ». Ils se forment quand l'accumulation des couches de neige transformées en glace par pression est si épaisse et si lourde qu'ils se mettent lentement en mouvement vers l'aval. La pointe avant d'un glacier est appelée front glaciaire. En fondant, le front du glacier peut être à l'origine d'un cours d'eau.

Les marais et les zones humides contiennent de la tourbe. Les sols tourbeux sont formés de plantes en partie décomposées. Celles-ci absorbent de grandes quantités d'eau qui finissent parfois par alimenter un cours d'eau.

△ *L'Indus, le Gange et le Mékong comptent parmi les plus grands fleuves d'Asie. Ils prennent leur source très haut dans l'Himalaya, dans des glaciers comme celui-ci.*

4 Observe ce qui se passe dans une région calcaire en remplaçant la terre ou le sable par des morceaux de briques légèrement espacés, comme indiqué ci-dessus, pour figurer les interstices naturels dans la roche. Arrose. L'eau ne s'infiltre pas dans la brique, mais s'écoule entre les briques.

5 Enfin, pose un morceau d'ardoise sur les briques, comme indiqué ci-dessus. Arrose et chronomètre l'écoulement. L'ardoise ne laisse pas du tout passer l'eau. Celle-ci s'écoule très rapidement. C'est exactement ce qui se passe avec des roches dures et imperméables.

*micaschiste
(imperméable)*

*calcaire
(perméable)*

*ardoise
(imperméable)*

*granite
(imperméable)*

*grès rouge
(perméable)*

*pierre ponce
(perméable)*

Réseaux hydrographiques

À partir de sa source, un cours d'eau coule vers l'aval, et ce en raison de la gravité terrestre qui attire tous les corps vers le bas. Des petits filets d'eau se rejoignent pour former des ruisseaux et des rivières de plus en plus importants à mesure que des **affluents** viennent les grossir. Le cours d'eau final, qui se jette dans la mer, est appelé fleuve.

▽ *Les affluents coulent vers l'aval et se jettent dans une rivière ou un fleuve.*

REPRÉSENTATION D'UN RÉSEAU HYDROGRAPHIQUE

Ce qu'il te faut : une carte, une règle, des bandes de papier, du papier millimétré, de la pâte à modeler, des autocollants ronds et du papier bleu.

1 Choisis un fleuve et six affluents.

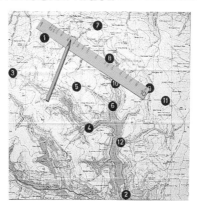

2 Numérote les autocollants. Colle le premier sur la source d'un affluent et le second à l'endroit où cet affluent se jette dans le fleuve. Coupe une bande de papier de la même longueur que l'affluent. Note les numéros des autocollants à chaque extrémité de la bande. Procède ainsi pour tous les cours d'eau.

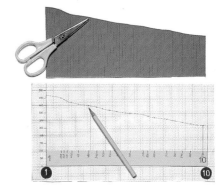

3 Reporte sur chaque bande les **courbes de niveau** correspondant aux dénivellations de 50 m de chaque cours d'eau.

4 Trace sur du papier millimétré une échelle allant de l'altitude la plus élevée de toutes les sources au point le plus bas (0 = niveau de la mer). Reporte les cotes d'altitude de chaque bande et trace le profil de chaque cours d'eau.

🏔 L'aire d'alimentation

Un **bassin versant** (ou bassin-versant) correspond à l'ensemble de l'aire d'alimentation en eau d'un cours d'eau et de ses affluents. Une vue aérienne d'un bassin permet d'observer le tracé de toutes ses ramifications, c'est-à-dire le réseau hydrographique. La forme d'un tel réseau dépend de la nature des roches, du sol, du climat et des corrections apportées au cours d'eau. Les réseaux radiaux se rencontrent quand les cours d'eau descendent tels des rayons d'un point élevé, d'une montagne par exemple. D'autres ont une forme arborescente, comme celui de l'Amazone. On parle dans ce cas de réseau dendritique.

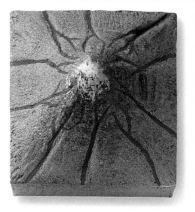

réseau radial

réseau dendritique

Les cours d'eau peuvent aussi former d'autres types de réseaux hydrographiques.

Les réseaux sont dits parallèles lorsque les cours d'eau coulent dans des vallées qui ne se rejoignent pas, peut-être à la suite de plissements géologiques, il y a des millions d'années, en lignes parallèles.

Les réseaux orthogonaux correspondent à des glissements survenus dans des couches sédimentaires épaisses. Fleuves et rivières coulent dans des vallées parallèles entre elles, et ils sont perpendiculaires à leurs affluents.

réseau parallèle   *réseau orthogonal*

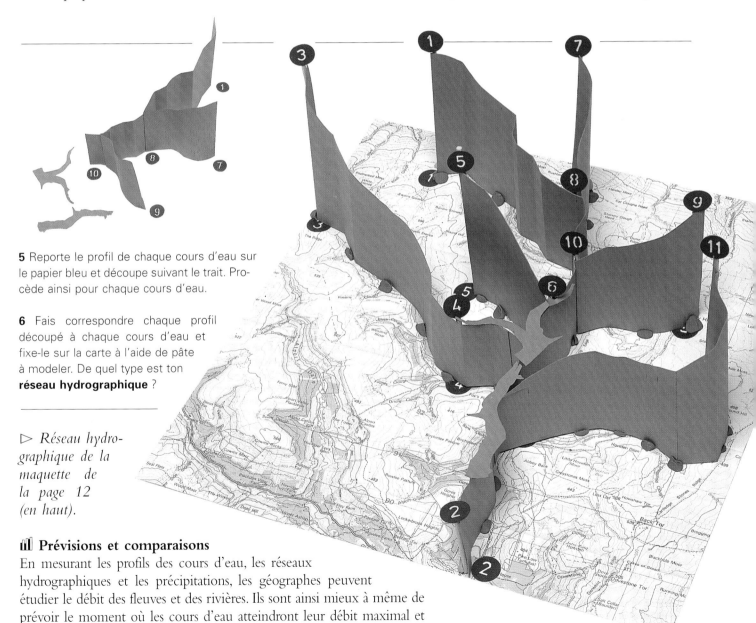

5 Reporte le profil de chaque cours d'eau sur le papier bleu et découpe suivant le trait. Procède ainsi pour chaque cours d'eau.

6 Fais correspondre chaque profil découpé à chaque cours d'eau et fixe-le sur la carte à l'aide de pâte à modeler. De quel type est ton **réseau hydrographique** ?

▷ *Réseau hydrographique de la maquette de la page 12 (en haut).*

⋔ Prévisions et comparaisons

En mesurant les profils des cours d'eau, les réseaux hydrographiques et les précipitations, les géographes peuvent étudier le débit des fleuves et des rivières. Ils sont ainsi mieux à même de prévoir le moment où les cours d'eau atteindront leur débit maximal et de comparer les cours d'eau de différentes régions (voir page 18).

Les eaux souterraines

Lorsque l'eau pénètre sous terre, elle attaque les roches tendres et perméables telles que le calcaire. Elle forme des grottes et des chenaux souterrains. Légèrement acide, l'eau de pluie finit avec le temps par dissoudre la roche. L'eau s'infiltre dans les fissures ou les fractures du calcaire et accroît leur écartement par une lente action chimique sur la roche.

1 talc
(ongle)

2 gypse
(ongle)

3 calcite
(pièce de monnaie)

🏔 Les eaux souterraines

Des cours d'eau peuvent aussi se former sous terre dans les endroits où les roches sont complètement saturées d'eau. Le niveau d'une roche gorgée d'eau proche de la surface est appelée **nappe phréatique.** Lorsque celle-ci est plus haute que le niveau du sol, une source apparaît. Les nappes d'eau du sous-sol sont des nappes aquifères, car elles remplissent des terrains perméables appelés **aquifères.**

🏔 Les roches et les minéraux

Les roches sont des matériaux formés d'un assemblage de minéraux. L'or, le cuivre et le diamant sont tous des minéraux, tout comme le talc que nous utilisons sous forme de poudre. D'autres minéraux ont des noms plus étranges, tels que le corindon ou l'apatite. Les calcaires, tels que la craie, contiennent de la calcite, alors que les granites sont constitués de quartz, de feldspath ou de mica.

disparition sous terre du cours d'eau (perte)

aven

table de calcaire avec champs de lapiez

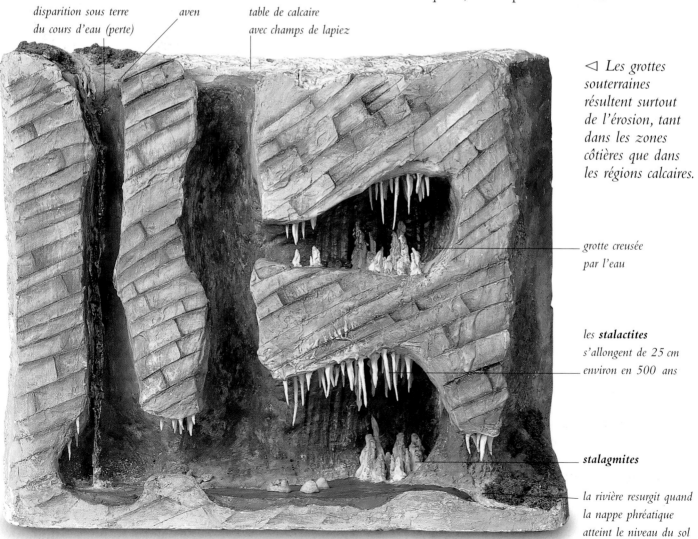

◁ Les grottes souterraines résultent surtout de l'érosion, tant dans les zones côtières que dans les régions calcaires.

grotte creusée par l'eau

les **stalactites** s'allongent de 25 cm environ en 500 ans

stalagmites

la rivière resurgit quand la nappe phréatique atteint le niveau du sol

4 fluorite

5 apatite
(lame de canif)

6 orthoclase
(vitre)

◁ *L'échelle de Mohs repose sur ces dix minéraux. Certains d'entre eux sont comparés ici à des matériaux de la vie quotidienne, de dureté à peu près équivalente.*

7 quartz
(lame d'acier)

8 topaze
(papier de verre)

9
corindon

10
diamant

△ *Quand la voûte d'une grotte s'effondre, une plus grande cavité se forme. Ici, les splendides grottes de Carlsbad, aux États-Unis.*

Les régions calcaires

Lorsque l'eau s'écoule sur une table calcaire, elle élargit les fractures et fissures naturelles et donne naissance au lapiez (ou lapiés), c'est-à-dire une étendue de petites crêtes séparées par des rainures. Quand l'eau disparaît sous terre, un puits naturel appelé aven se forme. Parfois, les avens se transforment en larges gouffres ou abîmes.

Les grottes souterraines se rencontrent souvent dans des formations principalement calcaires. Quand l'eau tombe du plafond d'une grotte, elle dissout les minéraux constituant la roche. Parallèlement, elle s'évapore en s'égouttant, toujours au même endroit, et laisse derrière elle les minéraux. Ces dépôts deviennent au bout de quelques siècles des stalactites, qui pendent du plafond, et des stalagmites, qui se dressent au sol. Parfois, stalactites et stalagmites se rejoignent pour former un pilier.

L'échelle de Mohs

Il y a environ 180 ans, un géologue allemand, Friedrich Mohs, a établi une classification des minéraux par ordre de dureté croissante. C'est l'échelle de Mohs, qui comprend dix degrés. Le minéral le plus tendre, le talc, correspond au degré 1 et le minéral le plus dur, le diamant au degré 10. Chacune des substances minérales raie la précédente, mais ne peut rayer les suivantes.

La craie est une roche **poreuse**, c'est-à-dire qu'elle retient l'eau à la manière d'une éponge. La craie est également perméable : elle laisse passer l'eau à travers ses pores.

OBTENTION D'UNE STALACTITE

Ce qu'il te faut : des trombones, deux verres, des cristaux de soude, une longueur de ficelle, une soucoupe et de l'eau distillée.

1 Remplis d'eau distillée chacun des deux verres jusqu'à mi-hauteur. Ajoute progressivement autant de cristaux de soude que l'eau est capable de dissoudre.

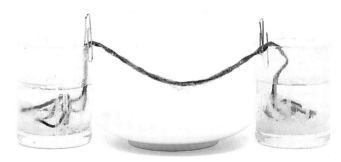

2 Plonge la ficelle dans la solution en reliant les deux verres. Attache-la avec un trombone à la paroi des verres. Place une soucoupe entre les deux verres et attends trois ou quatre jours.

Résultat : La solution a imbibé la longueur de la ficelle, comme le plafond d'une grotte, et elle goutte sur la soucoupe. L'eau s'évapore et laisse un dépôt de soude qui pend comme une stalactite. Bientôt une stalagmite se formera dans la soucoupe.

Le cours supérieur

La façon dont l'érosion fluviale modèle le relief dépend de sa vitesse d'écoulement et de la nature des roches rencontrées. Dans son cours supérieur, en montagne, une rivière creuse une vallée étroite et encaissée, souvent en forme de V. La pente est accentuée, de sorte que l'eau creuse avec d'autant plus d'énergie le lit fluvial en fragmentant les roches sur son passage. Galets, cailloux, graviers et sables, entraînés en tourbillons au fond de la rivière, frottent contre les roches et accentuent le processus d'érosion.

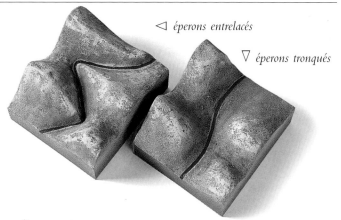

◁ *éperons entrelacés*

▽ *éperons tronqués*

🏔 Les éperons montagneux

Les vallées du cours supérieur se caractérisent par des saillies de contreforts montagneux. Ces avancées sont des **éperons entrelacés**, que le cours d'eau contourne, car ils sont constitués de roches dures. Le cours d'eau peut néanmoins parvenir à raboter la pointe de l'éperon, qui s'émousse peu à peu. Il s'agit alors d'éperons tronqués.

△ *L'anastomose des cours d'eau se produit surtout en présence de sédiments grossiers et de fortes pentes.*

🏔 L'anastomose

Les cours d'eau, dont les nombreux bras (chenaux) se séparent et se réunissent, ressemblent à des tresses de cheveux. Ce phénomène porte le nom savant d'anastomose et se rencontre là où la pente des vallées est forte ou dans des régions sèches qui sont sableuses et caillouteuses. Le cours d'eau enserre des bancs de sable, de gravier ou d'autres sédiments. Dans le cours supérieur, les chenaux anastomosés s'observent souvent aux endroits où une rivière désagrège des matériaux qu'elle ne peut transporter.

▽ *Dans son cours supérieur, la rivière occupe la majeure partie du fond de la vallée, contournant les obstacles et érodant les versants encaissés.*

blocs charriés par la rivière en période de crues lorsque l'eau a une grande force

il reste peu d'espace aux hommes pour les constructions, les cultures ou les voies de communication

les bras de la rivière enserrent des bancs rocheux ou cailloux

À quoi ressemble le cours supérieur d'une rivière ?

⛰ Les obstacles naturels

Le cours supérieur d'une rivière coule à travers des vallées étroites et profondes, marquées par des éperons entrelacés ou tronqués. Les vallées sont séparées par des sommets montagneux ou contreforts, larges et aplanis. La profondeur de la rivière est encore insuffisante pour permettre le transport fluvial. Il est par ailleurs difficile de faire passer des routes ou des lignes de chemin de fer au-dessus de la rivière, même si cela a été réalisé dans les Alpes et dans les Andes.

👫 L'aménagement du cours supérieur

L'escarpement des versants limite les possibilités agricoles, mais l'élevage peut être pratiqué. Les **barrages** et les lacs de retenue sont souvent aménagés sur le cours supérieur d'une rivière, car il est plus facile d'y contenir l'eau et de la distribuer plus en aval (voir pages 24-25).

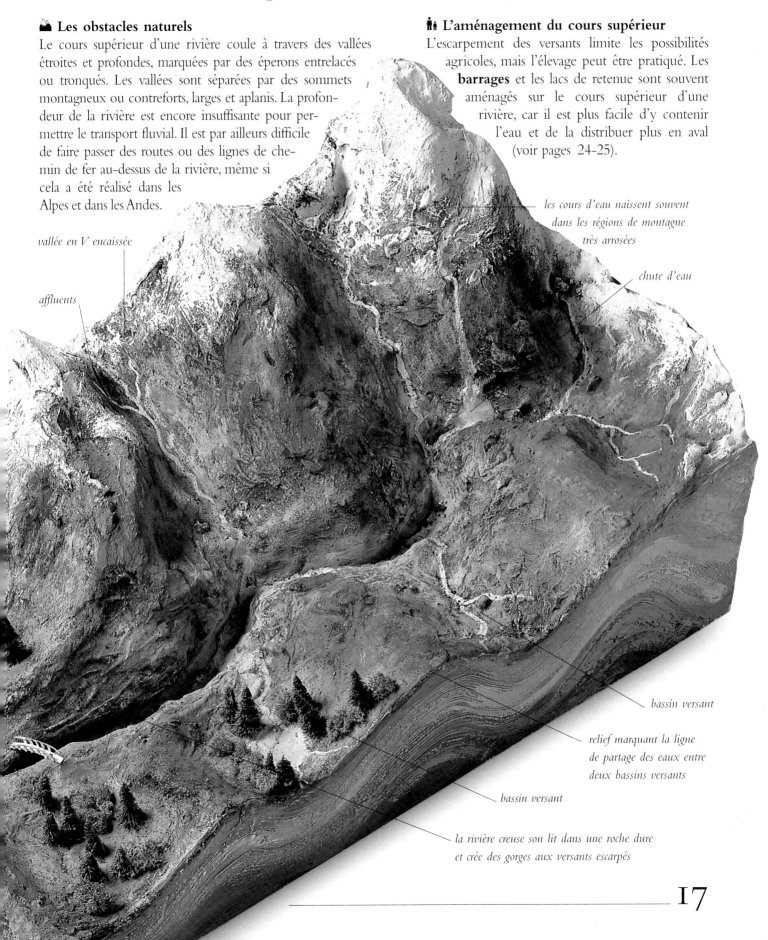

vallée en V encaissée

affluents

les cours d'eau naissent souvent dans les régions de montagne très arrosées

chute d'eau

bassin versant

relief marquant la ligne de partage des eaux entre deux bassins versants

bassin versant

la rivière creuse son lit dans une roche dure et crée des gorges aux versants escarpés

Le cours supérieur

ᴉᴵᴵ Le profil longitudinal

Les géographes examinent les profils en long des cours d'eau afin de comparer l'écoulement fluvial en différents points de leur parcours. Les cours d'eau s'écoulent toujours des régions plus élevées, en amont, vers les régions plus basses, en aval. La pente est généralement plus forte au début, puis plus douce avant de devenir étale au moment où les cours d'eau atteignent la mer.

▷ *Profil de l'Amazone, sur 6 450 km de long. Chaque trait, à la base, représente 160 km. Les géographes comparent les cours d'eau à l'aide de profils longitudinaux comme celui-ci.*

ᴉᴵᴵ La grandeur de l'Amazone

L'Amazone offre un profil hors du commun. Depuis sa source, dans les Andes, elle plonge de 5 000 m sur les 1 000 premiers kilomètres. Puis la pente ne représente plus que 10 cm tous les 3 km durant le reste de la traversée du continent. L'Amazone est si puissante qu'elle évacue ses sédiments à 96 km au large et déverse cinq fois plus d'eau dans l'océan que n'importe quel autre fleuve.

EXPÉRIENCE DE LA CHARGE FLUVIATILE

Ce qu'il te faut : un saladier, une spatule, un pichet d'eau et du sable grossier.

1 Mets le sable dans le saladier et verse l'eau par-dessus.

2 Remue l'eau rapidement à la spatule, dans le même sens, sans toucher le sable. Tu constateras que le mouvement de l'eau entraîne des particules de sable (sédiment) et les fait tourner aussi.

3 Retire la spatule et laisse reposer l'eau. Les plus grosses particules de sable se déposent en premier, car ce sont les plus lourdes, puis les autres lorsque l'eau n'est plus agitée.

CONCEPTION D'UN COLLECTEUR DE SÉDIMENTS

Ce qu'il te faut : 2 lattes et 6 petites lattes rectangulaires, de la Plastiline, 3 pots avec couvercles à pas de vis, de la peinture, de la colle résistant à l'eau, un tuyau, 3 entonnoirs de même taille, 3 élastiques et un carré de mousseline.

3 Mesure la largeur de tes pots. Construis et peins ensuite une échelle comme indiqué ci-contre. La largeur entre les montants et la hauteur entre les échelons doivent être suffisantes pour accueillir les pots aux différents niveaux de l'échelle.

4 Place ton échelle dans le courant d'un cours d'eau peu profond, les entonnoirs tournés vers l'amont et l'un d'eux reposant sur le fond. Au bout d'une heure, reprends l'échelle. Dévisse les couvercles. Compare la nature et la quantité de sédiments collectés dans chaque pot.

1 Fais deux trous dans un couvercle de pot. Introduis le bas de l'entonnoir dans l'un et une petite section de tuyau dans l'autre. Assure l'étanchéité avec de la Plastiline.

2 Avec un élastique, fixe de la mousseline sur le tuyau, sur la partie intérieure du couvercle, puis visse le couvercle sur le pot. L'entonnoir laisse passer l'eau et les sédiments. Le tube laisse passer l'eau. Fabrique deux autres collecteurs de sédiments.

Résultat : Le pot placé au fond devrait contenir des sédiments grossiers, qui se déplacent par sauts sur le fond du cours d'eau. La **charge** la plus lourde se trouve près du fond. Le pot du haut devrait contenir les particules les plus fines, car l'eau proche de la surface avance vite et charrie des sédiments moins lourds.

La puissance des cours d'eau

La puissance d'un cours d'eau est si grande qu'elle peut éroder les formes du relief. Tout dépend du type de lit, de la nature des matériaux transportés jusqu'à la mer, du volume d'eau écoulé, de la vitesse d'écoulement et de la pente du profil longitudinal.

▽ *Le collecteur de sédiments permet de connaître la quantité et le type de sédiments transportés par l'eau.*

L'érosion fluviale

Les eaux courantes ont une action importante sur le relief. En premier lieu, elles provoquent la dissolution, puis la disparition ou l'écoulement des minéraux contenus dans les formations géologiques. Elles peuvent ensuite s'introduire dans les fissures et les crevasses et arracher des parcelles de roches et de boue aux berges.

En troisième lieu, elles attaquent le relief par abrasion. Dans ce processus, la charge du cours d'eau érafle et gratte le fond du lit. Enfin, la charge elle-même est fragmentée en particules plus petites, selon un processus d'attrition, c'est-à-dire d'usure réciproque par frottement. Abrasion et attrition ont pour effet de creuser et d'élargir le lit et les rives du cours d'eau.

La charge fluviatile

Le déplacement de la plus grande partie des matériaux transportés par un cours d'eau s'effectue durant les périodes de fortes crues. Galets, graviers et sables grossiers, qui constituent ce qu'on appelle la charge de fond, roulent, culbutent et rebondissent sur le lit fluvial en direction de l'aval. Quand un fragment se déplace ainsi, il en percute d'autres, qui sautent à leur tour dans un mouvement brusque appelé saltation.

D'autres particules, minuscules, de sable fin et de **limon,** flottent dans l'eau et constituent la charge en suspension. Certains matériaux se dissolvent dans l'eau pour former ce qu'on appelle la charge dissoute.

Les chutes et les rapides

Chutes et **rapides** se rencontrent sur le cours supérieur d'une rivière. Une chute d'eau, appelée aussi cascade ou cataracte, est l'endroit où un cours d'eau tombe brusquement le long de roches dures, creusant une cavité profonde dans une roche plus tendre en dessous. Les rapides correspondent à une section où le courant s'accélère sur un lit peu profond et rocheux.

▽ *La roche dure est érodée à son tour et une nouvelle chute se forme plus en amont.*

🏔 Un processus très lent

Quand un cours d'eau rencontre des roches dures puis des roches tendres, celles-ci subissent une forte érosion. Des milliers d'années plus tard, toutes les roches tendres ont disparu et l'eau se déverse d'une grande hauteur.

△ *La roche tendre située sous la roche dure subit l'érosion et une chute d'eau apparaît.*

l'eau tombe le long d'une roche dure

trou d'eau

CRÉATION D'UNE CHUTE D'EAU

Ce qu'il te faut : un aquarium, 6 briques, 3 morceaux de tuile, du gravier, des galets, de la Plastiline (pâte à modeler), une ardoise ou une grande tuile, un pichet et de l'eau.

1 Dispose les briques et le bac comme ci-dessus. Pose l'ardoise en équilibre sur les briques en créant une pente.

2 Mets du gravier et des galets au fond du bac. Pour les rapides, dispose des morceaux de tuile inclinés par rapport aux galets, le côté le plus élevé face à la chute. Cale le tout avec de la Plastiline.

3 Crée des berges sur l'ardoise avec de la Plastiline et des graviers et dispose des galets en travers. Verse l'eau sur l'ardoise.

Résultat : Au pied de la chute, l'eau affouille les graviers et crée un trou, comme une marmite de géant. En butant contre les tuiles, l'eau fait de la mousse.

⛰ Les chutes d'eau dans le monde

Les cours d'eau ne sont pas seuls responsables de la formation des chutes et des rapides. Ceux-ci apparaissent parfois après le soulèvement d'une falaise rocheuse par des mouvements de la croûte terrestre ou sous l'action des glaciers. Certaines chutes se forment sur des falaises côtières ou sous le niveau de la mer lorsque le fond océanique subit une poussée et crée des gradins sous-marins. La plus grande chute d'eau au monde est même située dans l'Atlantique, entre le Groenland et l'Islande, avec une hauteur incroyable de 3,5 km. La chute la plus haute à la surface des continents est le Salto Angel, au Venezuela, qui a 979 m de haut.

⛰ Les marmites de géants

Il s'agit de trous d'eau profonds creusés dans les roches tendres au pied des chutes d'eau par les galets et autres matériaux entraînés par les puissants tourbillons de l'eau qui tombe.

⛰ Rapides et eaux vives

Les eaux vives correspondent à une série de rapides qui se forment lorsque des roches dures sont inclinées par rapport au lit fluvial. Les rochers cassent le courant, mais ne sont pas assez hauts pour donner naissance à une chute d'eau. Des remous et des tourbillons écumants apparaissent au sommet des eaux vives, dans les zones peu profondes.

△ *L'eau des rapides écume et crée des remous. Ce canoéiste pratique un sport dit d'eau vive dans une gorge profonde en Autriche.*

lit de roche tendre　　　　　*eau vive des rapides*　　　　　*roche dure*

L'énergie hydraulique

L'eau est une source d'énergie inépuisable. Depuis des millénaires, l'homme utilise cette énergie en installant des roues **hydrauliques,** ou roues à aubes, dans les cours d'eau. Les meules des moulins à eau reçoivent l'énergie nécessaire pour tourner et moudre le grain, par exemple. Dans certains pays, les roues à aubes servent à puiser l'eau dans un fleuve ou une rivière pour **irriguer** les cultures.

▷ *Ces très anciennes roues hydrauliques sur l'Oronte, en Syrie, sont encore utilisées de nos jours.*

FABRICATION D'UNE ROUE HYDRAULIQUE ⚠

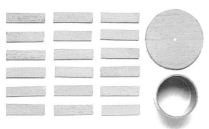
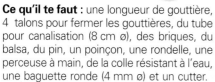

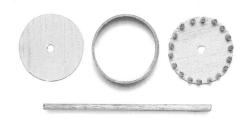

Ce qu'il te faut : une longueur de gouttière, 4 talons pour fermer les gouttières, du tube pour canalisation (8 cm ø), des briques, du balsa, du pin, un poinçon, une rondelle, une perceuse à main, de la colle résistant à l'eau, une baguette ronde (4 mm ø) et un cutter.

1 Roue à aubes : découpe 2 cercles de balsa de 10 cm et fais un trou de 5 mm ø au centre. Pour les aubes, découpe 18 rectangles de balsa de 5 x 1 cm.

2 Colle les aubes sur un des cercles de balsa comme ci-dessus. Colle une longueur de tube (5 cm) au centre des aubes. Colle l'autre cercle de balsa.

3 Roues à chevilles : coupe une longueur de tube (1,5 cm) ; découpe 2 cercles de balsa (5 cm ø) et fais un trou de 5 mm ø au centre. Colle-les de part et d'autre du tube. Coupe 18 chevilles de 1 cm dans la baguette.

4 Colle les chevilles à la périphérie d'un des 2 cercles, comme ci-dessus. Fabrique ainsi un second engrenage (étapes 3-4).

5 Support de la roue à aubes : découpe une planchette de pin de 25 x 8 cm (base horizontale), 2 planchettes de 15 x 8 cm (montants) et fais 2 trous de 5 mm (axe). La hauteur de l'axe et l'écartement des montants doivent tenir compte du passage de la gouttière.

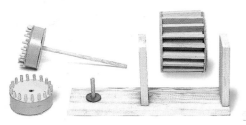

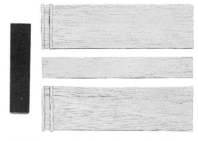

6 Colle les pièces du support comme ci-dessus. Coupe 20 cm de baguette pour l'arbre. Colle une roue à chevilles à un bout. Passe l'arbre à travers les trous du premier montant, de la roue à aubes et du second montant.

7 Pose l'autre roue à chevilles sur la base afin de constituer un engrenage parfait. Marque le tour de la roue et son centre.

8 Enlève la roue et perce un petit trou au centre du cercle, dans la base. Coupe 3 cm de baguette et plante cette cheville dans le trou. Mets une rondelle, comme indiqué.

9 Pose ensuite la seconde roue à chevilles sur cet axe. Les deux roues à chevilles doivent s'engrener correctement.

10 Découpe 4 planchettes de balsa : 1 de 12 x 2 cm ; 1 de 1,6 x 8 cm ; 2 de 12 x 4 cm. Colle 2 allumettes avec un écartement de 3 mm, comme ci-dessus, sur chaque planchette de 12 x 2 cm.

11 Colle les pièces ensemble pour former la goulotte. Glisse entre les allumettes la planchette de pin de 25 x 8 cm (vanne).

Comment fonctionne une roue à aubes ?

12 Coupe une bonne longueur de gouttière et passe-la sur la base et entre les montants de la roue à aubes. Ferme les deux bouts de la gouttière avec deux talons.

13 Coupe une autre longueur de gouttière et ferme avec deux talons. Dans l'un d'eux, fais une découpe correspondant à la forme de la goulotte et insère la goulotte. Réalise le montage indiqué ci-dessus. Verse de l'eau dans la gouttière du haut. En relevant ou en abaissant la vanne, tu pourras contrôler l'arrivée d'eau actionnant la roue à aubes.

❊ Arrivée d'eau en dessus ou en dessous

Dans une roue hydraulique mue par-dessous, l'eau entraîne les aubes en dessous. Dans une roue à entraînement par-dessus, la roue reçoit l'eau dans sa partie supérieure. La roue avec arrivée d'eau par-dessus fonctionne mieux, car le poids de l'eau contenue dans les aubes fournit à la roue une plus grande poussée.

La plupart des roues hydrauliques tournent sur le cours supérieur d'un fleuve ou d'une rivière, car la pente y est plus accentuée et la force hydraulique plus importante, et aussi parce que l'étroitesse du chenal rend l'équilibre de la roue plus stable.

❊ Les turbines hydrauliques

De nos jours, l'eau sert partout dans le monde à produire de l'électricité grâce à des roues hydrauliques gigantesques appelées turbines (voir pages 24-25). Pesant des milliers de tonnes, ces turbines modernes sont conçues pour utiliser au mieux l'énergie hydraulique. Elles ont un bien meilleur rendement que les premières roues à aubes.

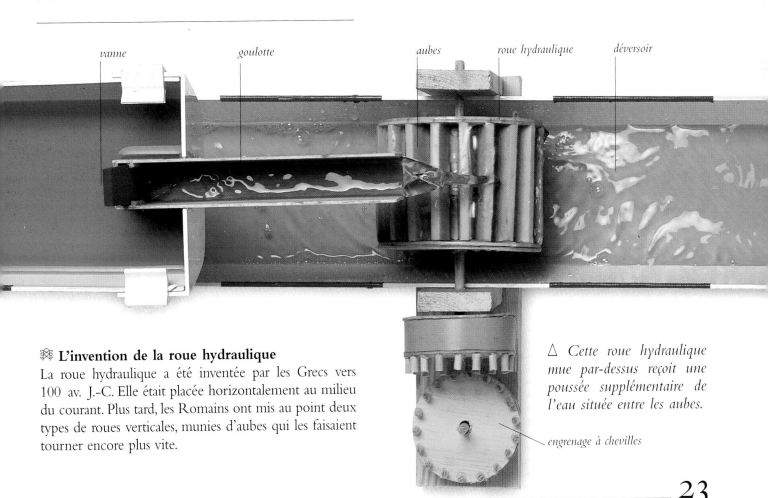

vanne   *goulotte*   *aubes*   *roue hydraulique*   *déversoir*

❊ L'invention de la roue hydraulique

La roue hydraulique a été inventée par les Grecs vers 100 av. J.-C. Elle était placée horizontalement au milieu du courant. Plus tard, les Romains ont mis au point deux types de roues verticales, munies d'aubes qui les faisaient tourner encore plus vite.

△ *Cette roue hydraulique mue par-dessus reçoit une poussée supplémentaire de l'eau située entre les aubes.*

engrenage à chevilles

Les barrages

Un barrage est une construction verticale très épaisse et très résistante en travers d'une vallée et destinée à retenir l'eau. Le lac artificiel qui se forme derrière le barrage est appelé lac de retenue ou réservoir. D'énormes quantités d'eau y sont stockées et déversées progressivement en aval.

△ *Le barrage Hoover, aux États-Unis, sur le fleuve Colorado et, derrière, le lac Meade.*

un barrage-voûte comme celui-ci est très solide

▽ *Les barrages sont souvent édifiés sur le cours supérieur des rivières, dans des vallées en V étroites.*

lac de retenue pouvant être utilisé pour les loisirs comme la voile

🏃 Les barrages

Les grands barrages sont soit des barrages-voûtes soit des barrages-poids. Un barrage-poids est de profil triangulaire et il est maintenu en place par son seul poids. Un barrage-voûte doit sa solidité à sa courbure. Les barrages sont plus larges à leur base qu'à leur couronnement, afin de prendre en compte la pression de l'eau, qui est beaucoup plus forte en bas.

❋ Les lacs de retenue

L'eau du lac situé derrière un barrage entraîne les turbines pour la production d'électricité. Dans la centrale hydroélectrique située au pied du barrage, un courant d'eau très rapide met en mouvement de puissantes turbines qui actionnent des générateurs produisant l'électricité.

lignes haute tension acheminant l'électricité de la centrale aux transformateurs de courant pour les entreprises et les particuliers

ESSAI DE RÉSISTANCE D'UN BARRAGE

Ce qu'il te faut : du ruban adhésif de couleur, un grand bac, du carton épais, de la Plastiline (pâte à modeler), un pichet et de l'eau.

1 Découpe un grand rectangle de carton un peu plus large que le bac de façon que le carton soit légèrement incurvé au milieu.

❊ L'hydroélectricité

L'électricité produite par une centrale utilisant l'énergie hydraulique pour produire du courant électrique porte le nom d'**hydroélectricité.** Les centrales hydroélectriques sont souvent construites sur le cours supérieur des rivières, là où les vallées sont étroites et les pluies abondantes. Dans certaines régions de montagne, comme en Suisse, presque toute l'électricité est d'origine hydraulique.

des routes sont parfois construites sur le couronnement des barrages

2 Assure l'étanchéité du barrage avec de la pâte à modeler sur les bords et sur le fond. Pour mesurer le niveau de l'eau, découpe des bandes minces de ruban adhésif et colle-les à intervalles réguliers sur un coin du bac.

3 Verse l'eau dans le bac avec précaution et avec un débit régulier. À quel moment le barrage cède-t-il sous la pression de l'eau ?

4 Construis un barrage-voûte à l'aide d'un rectangle de carton deux fois plus large. Refais l'expérience précédente.

Résultat : Le second barrage retiendra beaucoup plus d'eau que le premier, car ce barrage doit sa solidité à une courbure plus importante.

❊ Les centrales hydroélectriques

Les barrages-voûtes sont hauts, de manière à ce que l'eau tombe d'une grande hauteur pour entraîner les turbines hydrauliques. L'eau est une source d'énergie inépuisable et les usines qui produisent de l'hydroélectricité polluent moins que les centrales thermiques fonctionnant au charbon ou au fioul. Mais la retenue des eaux d'un fleuve ou d'une rivière pose d'autres problèmes. L'eau en aval peut être insuffisante pour les besoins des hommes, des plantes et des animaux.

Les lacs

Les lacs sont de grandes dépressions ou cuvettes à l'intérieur des terres. On les trouve à différents endroits le long d'un cours d'eau. Parfois, ils constituent la source d'une rivière ou au contraire son point d'aboutissement. Les lacs résultent de phénomènes naturels tels que les glaciations ou les mouvements tectoniques, voire les barrages de castors en branchages. Ils peuvent aussi être créés artificiellement lors de la construction d'un barrage.

La disparition des lacs

Les lacs peuvent avoir toute taille, toute forme et toute profondeur. Certains sont permanents, d'autres n'apparaissent qu'à certains moments de l'année, en période de fortes pluies, par exemple. Le lac Eyre, en Australie, s'assèche complètement certaines années et reste à sec pendant deux ou trois ans de suite. Le seul point commun des lacs est qu'ils ne durent pas éternellement. L'eau finit toujours par s'évaporer, être évacuée par les cours d'eau ou se laisser envahir par la terre et la végétation. Au bout d'un certain temps, les lacs se trouvent totalement asséchés.

▷ *L'eau s'accumule dans une dépression naturelle pour former un lac. L'eau provient des cours d'eau, des pluies, de la fonte des neiges et des eaux d'infiltration.*

affluents

cours d'eau principal

dépôt de boues, sables et galets apportés par les eaux courantes sur les rives du lac

le rivage indique que le niveau du lac a été plus élevé à un moment donné

dépression naturelle

infiltration de l'eau dans le sol et le sous-sol jusqu'à la nappe phréatique (au sommet d'une couche gorgée d'eau)

△ *Lac de surcreusement, au nord-ouest des États-Unis.*

L'origine des lacs

La plupart des lacs ont été creusés par les glaciers et les calottes glaciaires durant les glaciations, il y a des millions d'années. D'autres lacs ont pour origine un barrage naturel constitué de dépôts volcaniques (coulées de lave) ou glaciaires (moraines). En Amérique du Nord, le poids phénoménal de la calotte glaciaire a formé une vaste cuvette. Après la fonte des glaciers, la cuvette s'est remplie d'eau et a donné naissance aux Grands Lacs.

Certains des plus grands lacs du monde, comme le lac Baïkal, en Russie, résultent de grands mouvements dits tectoniques, c'est-à-dire de la croûte terrestre. Parfois, le sommet d'un volcan s'effondre et se remplit d'eau, donnant ainsi naissance à un lac de cratère.

Les lacs de surcreusement

À l'avant d'un glacier de montagne, la glace creuse parfois une dépression ronde appelée ombilic, plus basse que le niveau de la vallée. Lors de la fonte des glaces, l'ombilic se remplit d'eau et constitue un lac dit de surcreusement, comme il en existe de nombreux dans les Alpes.

Les lacs tectoniques

Des forces venant du centre de la Terre peuvent provoquer un affaissement de couches géologiques entre deux failles et créer une vallée à flancs raides appelée fossé tectonique. Le lac Tanganyika et le lac Baïkal occupent de tels fossés. Ces lacs tectoniques sont longs, étroits et très profonds, souvent en dessous du niveau de la mer.

lac tectonique

Les lacs de barrage

Lorsque les glaciers fondent, ils laissent derrière eux des dépôts de roches, de boue et autres matériaux. L'eau emplit les cuvettes, mais ne peut s'évacuer du fait de la présence de ces dépôts glaciaires. Des milliers de lacs dits de barrage peuvent ainsi se former. C'est le cas en Finlande, qui compte des dizaines de milliers de lacs de ce type.

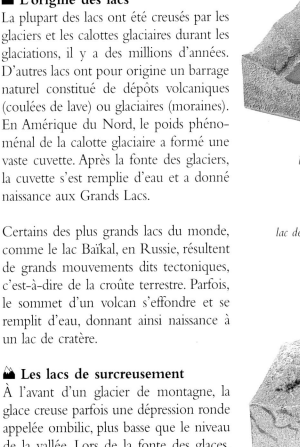

lac de barrage

lac de surcreusement

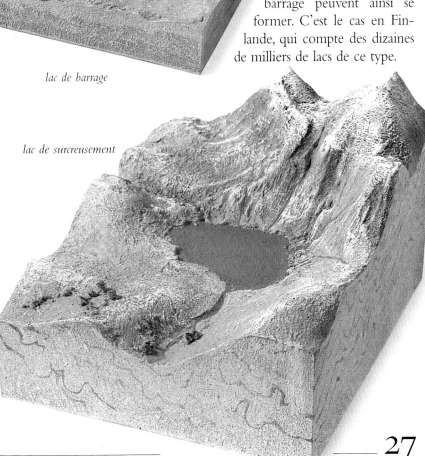

Les canyons

Dans les parties du monde qui connaissent de longues périodes sans pluie, certains cours d'eau entaillent de profondes vallées dénommées **canyons**. Ils sont alimentés par l'eau de montagnes lointaines, ou par les résurgences d'eaux souterraines. Lorsqu'il pleut sur les canyons, il s'agit toujours de courtes averses, très violentes. Il y a peu de terre ou de végétation pour absorber l'eau, de sorte que la pluie ravine le sol et entraîne les roches. Parmi les deux canyons les plus spectaculaires du monde, il faut citer le Grand Canyon, aux États-Unis et une partie de la vallée du Nil, en Égypte.

🔺 Le canyon le plus imposant

Le Grand Canyon fait 349 km de long, 2 km de haut et jusqu'à 30 km de large. Il faut un jour de marche pour parvenir au fond. Ces gorges se sont formées au cours des six derniers millions d'années lorsque le sol s'est soulevé et que le fleuve Colorado a taillé son lit. L'érosion du relief varie selon la dureté de la roche. Aujourd'hui, les roches dures constituent les falaises et les roches tendres les pentes.

La formation du Grand Canyon

1 Il y a environ 2 milliards d'années, de formidables forces tectoniques ont entraîné le plissement de couches sédimentaires et de laves volcaniques. Très lentement, ces couches ont constitué des montagnes de 8 000 à 9 000 m de haut.

2 Peu à peu, les montagnes ont subi l'érosion et de nouveaux sédiments se sont déposés quand des océans recouvraient la région. Les terres ont ensuite émergé pour former d'autres montagnes ; mais il y a 600 millions d'années, il ne restait plus qu'une plaine vallonnée.

▷ *Les versants du Grand Canyon ont été creusés par le vent, la pluie et le fleuve Colorado.*

gorge ou canyon

calcaires, grès et argiles schisteuses

ESSAI D'ÉROSION

Ce qu'il te faut : du sable de différentes couleurs, un bac en verre ou en plastique transparent et un pichet d'eau.

1 Verse le sable sec dans le bac par couches de couleurs différentes pour figurer les strates de roches sédimentaires.

2 Ajoute la couche finale et assure-toi qu'elle est bien plate.

3 Verse délicatement l'eau sur le sable au milieu du bac et observe ce qui se passe.

Résultat : L'eau forme rapidement un trou profond (canyon) dans le sable. C'est à peu près ainsi que les canyons se sont formés, sauf que ce processus a pris des millions d'années !

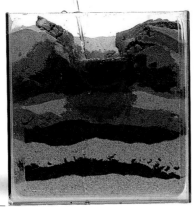

28

3 Océans et fleuves ont encore recouvert la région, déposant d'autres sédiments (couche épaisse de 2 500 m), jusqu'à il y a 65 millions d'années.

4 Pendant des millions d'années, les couches ont subi l'érosion. Le drainage de la région par le Colorado s'est alors effectué vers l'Ouest.

5 Au cours des six derniers millions d'années, le sol s'est soulevé et le fleuve a entaillé les couches anciennes pour donner naissance à un canyon.

Le passé de la Terre

On peut retracer le passé de la Terre de haut en bas du Grand Canyon. Les couches calcaires, au sommet, sont les plus récentes. Elles se sont constituées sous la mer il y a 250 millions d'années. Des fossiles de reptiles et d'insectes qui vivaient des millions d'années avant l'apparition de l'homme sur Terre ont été trouvés dans ces formations.

Les roches situées à mi-hauteur du canyon ont 500 millions d'années. Certaines contiennent des débris fossilisés de poissons. Plus bas encore, dans des formations vieilles de 500 millions d'années, on ne rencontre plus que des fossiles de calmars et de vers. Tout en bas du canyon, les roches atteignent 2 milliards d'années. La vie sur Terre existait déjà, sans doute, mais on n'a trouvé aucune trace d'organismes vivants.

l'érosion des roches tendres entraîne l'effondrement des falaises

le fleuve Colorado a peut-être 30 millions d'années

le fleuve, boueux, charrie de la terre et des fragments de roches, d'où une érosion

Le cours moyen

Plus un fleuve ou une rivière s'éloigne de sa source, plus ses affluents sont nombreux. Son débit et sa charge augmentent. La pente est plus douce et le cours d'eau serpente au lieu d'aller en ligne droite vers l'aval. Les eaux ne roulent plus de blocs rocheux et de galets sur le fond, mais entraînent sables, boues et cailloux. Le lit fluvial se couvre d'une couche uniforme de boue et de limon.

⛰ Un cours plus paisible

Le cours d'eau transporte des matériaux en suspension et commence à serpenter, entaillant certaines berges ou changeant de direction. Comme il ne rencontre plus d'obstacles de nature à créer des rapides, par exemple, son cours devient plus paisible et plus régulier.

△ *Cours moyen du Mékong, au Cambodge. Le fleuve transporte quantité de boues et de limons.*

FABRICATION D'UN DÉBITMÈTRE ⚠

Ce qu'il te faut : une latte de bois, une baguette très mince, un entonnoir, du balsa, de la Plastiline (pâte à modeler), une épingle pour panneau d'affichage, de la colle vinylique résistant à l'eau, une perceuse à main, de la peinture, un rapporteur et un cutter.

1 Découpe un demi-cercle de balsa et peins-le. Avec le rapporteur, fais une marque

tous les dix degrés sur la moitié du demi-cercle pour créer un cadran.

2 Colle le cadran sur la latte de bois à un tiers de la longueur.

3 Perce un petit trou dans la baguette à un tiers de la longueur. Peins ce tiers de longueur qui fera office d'aiguille.

4 Avec l'épingle, fixe la baguette comme indiqué ci-dessus en veillant à ce qu'elle puisse osciller facilement.

5 Bouche le bas de l'entonnoir avec de la pâte à modeler. Colle l'entonnoir à la partie non peinte de la baguette. Peins le reste de ton débitmètre.

6 Installe ton débitmètre au milieu d'un cours d'eau très peu profond, le cône de l'entonnoir tourné vers l'amont. Le courant fera osciller l'aiguille du cadran. Plus l'aiguille se rapproche de l'horizontale, plus le débit est important. Essaie plus près du bord. Vois-tu une différence ?

👥 Transports et commerce

Un peu partout dans le monde, le cours moyen des fleuves et des rivières joue un rôle dans l'alimentation, les transports et les échanges commerciaux. Les forêts équatoriales et tropicales renferment des bois précieux comme le teck, l'acajou ou le palissandre. Parfois, des exploitations forestières sont inconsidérément déboisées, exposant le sol, qui n'est constitué que d'une couche mince et fragile, à une forte érosion pluviale. La terre alors ne peut plus être cultivée ni reboisée.

▷ *Cours moyen d'un fleuve en milieu tropical humide. Le fleuve serpente le long d'une vallée à fond plat et la forêt dense occupe les deux rives.*

⛰️ La vitesse d'écoulement

Sur le cours moyen, le lit fluvial est profond et nappé de boue lisse et de limon. Les frictions entre l'eau et le fond sont moins grandes, car il n'y a plus de blocs rocheux ou de pierres pour ralentir le courant. La vitesse d'écoulement est maximale au milieu du cours d'eau, légèrement au-dessous de la surface de l'eau, là où les frictions sont les moins importantes.

les crues déposent boues et limons sur les rives du fleuve

village bâti sur une hauteur

fleuve décrivant des méandres

le dépôt d'alluvions sur un lobe de méandre accentue la convexité de la rive

l'abattage des arbres à des fins commerciales accélère l'érosion de la rive

cette scierie pollue le fleuve

Le cours moyen

🏔 Un cours changeant

Le cours moyen d'un fleuve ou d'une rivière est très capricieux. Il change sans cesse, serpente et commence à déposer des **alluvions.** Il se caractérise par des sinuosités appelées méandres et par des lacs en croissant occupant des méandres délaissés, les **bras morts.** Avec les pluies d'orage, les méandres tendent à ralentir le courant et à alluvionner les rives, ce qui peut provoquer des inondations.

🏔 La formation des méandres

Le tracé du cours d'eau est naturellement sinueux et crée des méandres. Ceux-ci tendent à se former là où la plaine est large et où les rives sont solides. Les grands fleuves comme le Mississippi, aux États-Unis, possèdent des méandres dont l'amplitude se mesure en kilomètres.

△ *Bras mort bien visible du río Manú, dans la forêt tropicale, au Pérou.*

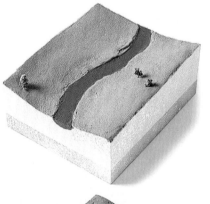

1 Quand le cours d'eau parvient dans une zone où la pente est plus douce, il commence à s'infléchir. En serpentant, il coule moins vite que s'il suivait un parcours rectiligne.

2 Au bout d'un certain laps de temps, le méandre s'accentue. Le cours d'eau rabote la rive dite concave et dépose des alluvions sur la rive convexe, créant une grève de sable et de gravier.

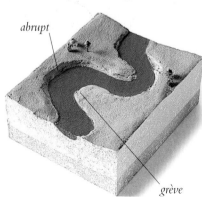

abrupt

grève

3 Une grande courbure apparaît. Progressivement, une falaise, appelée abrupt, se forme sur la rive concave, là où le cours d'eau continue de raboter la berge.

🏔 Des méandres aux bras morts

Les bras morts sont, à l'origine, des méandres. Quand le fleuve ou la rivière poursuit l'érosion de la rive concave du méandre, le lit prend peu à peu une forme en auge, c'est-à-dire en U. Le cours d'eau finit peu à peu par recouper le méandre et constituer un nouveau lit.

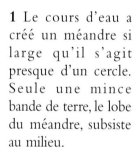

1 Le cours d'eau a créé un méandre si large qu'il s'agit presque d'un cercle. Seule une mince bande de terre, le lobe du méandre, subsiste au milieu.

2 Le cours d'eau ferme la boucle en formant un lit plus droit. On dit qu'il recoupe le méandre.

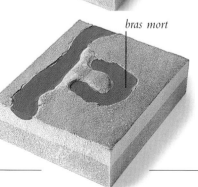

bras mort

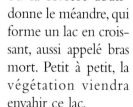

3 En suivant son nouveau cours, le fleuve ou la rivière abandonne le méandre, qui forme un lac en croissant, aussi appelé bras mort. Petit à petit, la végétation viendra envahir ce lac.

⛰ Les terrasses fluviatiles

Quand un relief s'élève à la suite de mouvements tectoniques, le cours d'eau doit creuser son lit. Un processus semblable se déroule lorsque le niveau d'un lac ou de la mer est abaissé. Une terrasse dite fluviatile apparaît tandis que le cours d'eau s'encaisse. Des terrasses de ce genre peuvent aussi résulter de pluies plus abondantes, car le cours d'eau acquiert alors davantage de puissance d'érosion.

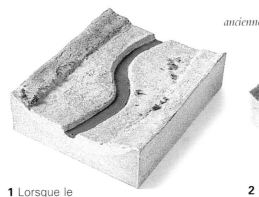

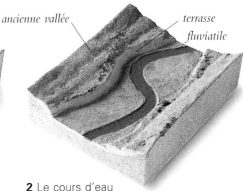

ancienne vallée

terrasse fluviatile

1 Lorsque le cours d'eau décrit des méandres dans le fond de la vallée, le relief peut s'élever ou le niveau des eaux s'abaisser. Le cours d'eau commence alors à entailler les roches.

2 Le cours d'eau creuse une nouvelle vallée, plus basse que l'ancienne, qui laisse apparaître des terrasses fluviatiles des deux côtés de l'auge. Au bout d'un certain temps, une succession de terrasses sont visibles.

ESSAI DE PENTE

Ce qu'il te faut : 3 briques, une jardinière en plastique, un panneau d'aggloméré ou de fibres de bois, un pichet, de la Plastiline (pâte à modeler), un gobelet en plastique et de l'eau.

1 Installe les briques, le panneau et la jardinière comme indiqué ci-dessus. Verse l'eau sur la forte pente et observe.

Résultat : Sur une forte pente, l'eau suit le plus court chemin jusqu'à la mer (représentée ici par la jardinière).

2 Réduis la hauteur des briques afin de réduire la pente. Fais un petit trou près du fond du gobelet. Avec de la pâte à modeler, fais un support de manière à ce que le gobelet se trouve au ras du panneau et modèle un chenal d'écoulement étroit à la sortie du trou. Verse l'eau dans le gobelet et observe.

Résultat : Sur une faible pente, l'eau commence à serpenter et à ralentir son cours jusqu'à la mer.

👥 Les activités humaines

Dans les **pays développés,** comme en Europe ou en Amérique du Nord, le cours moyen d'un fleuve ou d'une rivière reçoit de nombreux usages. Les villes grandissent là où les fleuves ou les rivières se franchissent aisément. Un fond de vallée plat est idéal pour la construction de routes et de voies ferrées, de même que pour le transport fluvial des hommes et des marchandises.

🏔 La fertilité du sol

Le succès de l'agriculture le long du cours moyen dépend souvent de la qualité de la terre. Certains types de sol conviennent mieux aux cultures que d'autres. Pour analyser la terre, les agriculteurs doivent déterminer son pH (potentiel hydrogène). L'échelle de mesure va de 0 à 14. Le chiffre 7 correspond à un pH neutre. Les sols acides ont un pH inférieur à 7 et les sols alcalins un pH supérieur à 7. Chaque culture nécessite un type de sol différent.

ANALYSE DU PH DU SOL

    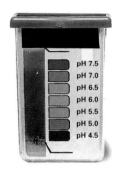

Ce qu'il te faut : un boîtier d'analyse (solutions indicatrices ou papiers-test), en vente dans les jardineries, de l'eau distillée, une pipette et un petit échantillon de terre.

1 Mets de la terre dans le verre et ajoute de l'eau distillée. Remue et laisse précipiter.

2 Prélève à la pipette un échantillon du mélange et utilise la solution indicatrice (ou le papier réactif) du boîtier en suivant le mode d'emploi.

3 Compare la couleur obtenue et l'échelle indiquée sur le boîtier

Résultat : Ici, la couleur de la solution indique le degré d'acidité de l'échantillon. Le pH neutre correspond à 7.0.

👥 Les premiers établissements humains

Il y a des milliers d'années, les hommes se sont établis au bord des fleuves et des rivières pour construire les premières villes. Ils devaient en effet disposer d'eau potable, irriguer les cultures et se déplacer par voie fluviale. Les grandes civilisations se sont toutes développées le long de grands fleuves comme le Nil en Égypte, le Huang He en Chine, le Tigre et l'Euphrate au Moyen-Orient et l'Indus au Pakistan. Toutes ces vallées avaient en commun une **plaine d'inondation fertile,** possédant un sol riche pour les cultures et de l'eau pour les besoins d'une population de plus en plus nombreuse.

👥 Les transports fluviaux

Il y a 200 ans, les chemins de fer n'existaient pas encore et les routes n'étaient souvent que des chemins pleins de boue. Le moyen le plus sûr de transporter des marchandises pondéreuses était la voie d'eau. De nos jours encore, celle-ci demeure importante pour les transports. Afin de maintenir des chenaux suffisamment profonds pour la navigation fluviale, on drague la boue et le limon.

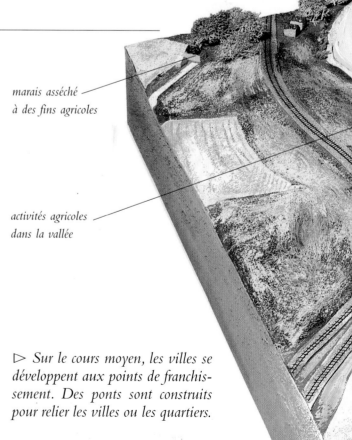

marais asséché à des fins agricoles

activités agricoles dans la vallée

▷ *Sur le cours moyen, les villes se développent aux points de franchissement. Des ponts sont construits pour relier les villes ou les quartiers.*

Les vallées

La maquette ci-dessous montre certaines caractéristiques que l'on peut observer sur des fleuves tels que le Danube et le Rhin en Europe ou le Saint-Laurent au Canada. Le fleuve serpente sur un fond de vallée plat, se débarrassant d'une partie de ses alluvions pour former des grèves sur les rives convexes des méandres. Des barrages et des lacs de retenue écrêtent les crues du fleuve. Le cours d'eau et sa vallée sont essentiels pour les établissements humains, l'agriculture et les transports.

△ La ville de Cochem, en Allemagne, s'est développée à un point de passage, dans la vallée moyenne de la Moselle.

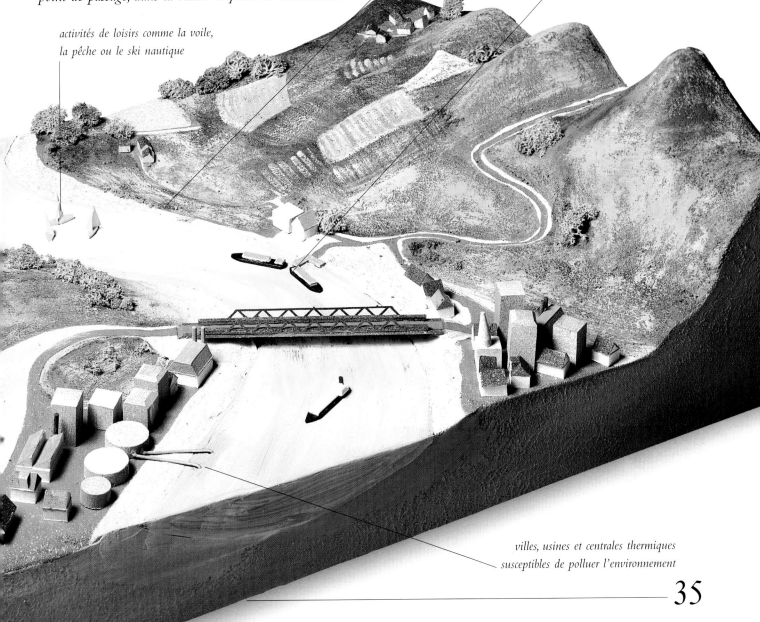

fond de vallée plat dû à l'érosion fluviale des versants

transports fluviaux (matières premières et produits) desservant les sites de production

activités de loisirs comme la voile, la pêche ou le ski nautique

villes, usines et centrales thermiques susceptibles de polluer l'environnement

Le traitement des eaux

Nous avons besoin d'eau pour notre subsistance, mais aussi pour le lavage, la toilette, la cuisine et le chauffage. La plus grande partie de l'eau consommée provient des cours d'eau et des lacs. Dans de nombreux pays, l'eau est traitée avant et après usage afin d'en retirer les impuretés et les bactéries. Comme les réserves mondiales d'eau douce ne sont pas inépuisables, nous devons les préserver de la pollution.

ϯϯ L'alimentation en eau

Le cycle du traitement des eaux débute avec l'approvisionnement dans les cours d'eau. L'eau captée est d'abord tamisée pour éliminer les branchages, feuilles ou objets qu'elle contient avant d'être acheminée par pompage vers un bassin de stockage, puis vers une installation de traitement. Là, elle séjourne dans des bassins de décantation et de filtration sur du gravier et du sable fin où elle se débarrasse de ses impuretés. Du chlore est ajouté pour la désinfecter, en tuant les germes susceptibles de provoquer des maladies, et la rendre propre à la consommation. Enfin l'eau est stockée ou distribuée directement aux industriels et aux particuliers par tout un réseau de canalisations souterraines sous les voies publiques.

ϯϯ L'épuration des eaux usées

Les eaux usées vont dans les égouts, qui mènent à la station d'épuration. L'eau est purifiée par des bactéries qui ne laissent que des gaz et de l'eau après leur passage. Les eaux sont suffisamment propres pour être déversées dans les fleuves et les rivières. Le cycle peut recommencer. On pourrait presque dire que l'eau du robinet que nous utilisons passe par la canalisation pour la centième fois.

▽ *Cette maquette montre le cycle du traitement des eaux : captage dans la nature, traitement, distribution, consommation, évacuation, épuration, rejet dans la nature.*

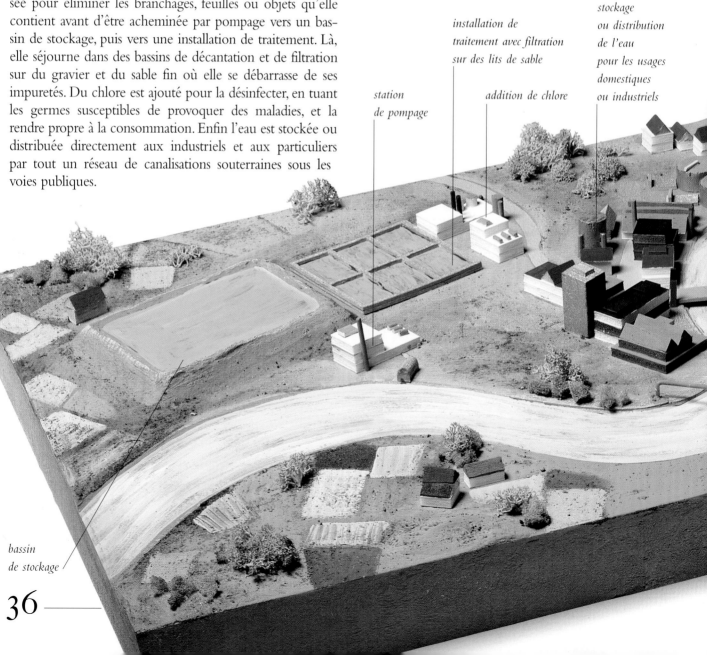

installation de traitement avec filtration sur des lits de sable

stockage ou distribution de l'eau pour les usages domestiques ou industriels

station de pompage

addition de chlore

bassin de stockage

ESSAI DE FILTRATION DE L'EAU

Ce qu'il te faut : une bouteille en plastique, des ciseaux, de la mousse (ou de la sphaigne), du sable, du gravier, de la terre, des feuilles, un verre et un poinçon.

1 Découpe le fond de la bouteille. Avec le poinçon, fais un trou dans le bouchon vissé.

2 Verse du sable dans la bouteille. Ajoute de la mousse. Alterne ainsi trois couches de sable et de mousse. Termine par une couche de gravier. Tu auras un filtre.

3 Dans un pichet, mélange du sable, du gravier, de la terre, des feuilles et de l'eau.

4 Pose la bouteille, bouchon en bas, sur le verre. Verse le mélange du pichet sur le filtre.

Résultat : Le sable et la mousse filtreront les plus grandes impuretés. L'eau devrait être presque claire, avec quelques particules de sable ou de terre.

épuration des eaux usées, puis rejet des eaux propres

bassin de stockage

👥 L'eau disponible dans le monde

Dans les pays développés, une personne peut consommer en moyenne 500 litres d'eau par jour. Mais dans l'ensemble du monde, une personne ne consomme en moyenne que 5 litres d'eau par jour. Dans certains **pays en développement** d'Asie, d'Afrique et d'Amérique du Sud, seule une personne sur cinq dispose d'eau potable propre. Dans ces pays, il est impossible d'ouvrir un robinet quand on en a envie. Il faut parfois marcher des heures pour aller chercher l'eau à la rivière ou à un puits, et rapporter ce lourd fardeau.

Des millions de bactéries vivent dans l'eau. Elles sont invisibles à l'œil nu et pour la plupart inoffensives, mais certaines peuvent causer des maladies mortelles comme le choléra ou la typhoïde. Des épidémies se propagent rapidement si l'eau disponible est contaminée, comme parfois dans les camps de réfugiés. Des milliers de personnes meurent chaque année du manque d'eau ou de maladies transmises par l'eau. D'ici peu, près d'un tiers des pays du monde pourra connaître des pénuries d'eau permanentes.

Le cours inférieur

Pratiquement au terme de son parcours, un cours d'eau traverse, avant de parvenir à son embouchure, des plaines presque plates. Sur son cours inférieur, un fleuve ou une rivière est large et n'entaille plus le relief, mais se contente d'éroder les berges et d'élargir l'espace alluvial que l'on appelle plaine d'inondation ou lit majeur. Quand le cours d'eau est en crue, la boue et le limon se répandent dans toute cette plaine inondable.

▲ La fertilité d'une plaine d'inondation

Après de fortes pluies ou en période de dégel, une quantité plus importante d'eau vient brusquement grossir le cours d'eau, qui peut sortir de son lit ordinaire ou lit mineur et se répandre en nappe dans la plaine d'inondation. Quand le cours d'eau commence à ralentir, il se déleste d'abord du plus lourd de sa charge (sable grossier). Ces alluvions constituent alors des bourrelets de rive ou levées alluviales. Des sédiments plus fins, comme les boues, sont abandonnés au fond de la vallée. Après un grand nombre de crues, ces couches de sédiments se transforment en sol fertile, idéal pour les cultures.

INONDATION D'UNE VALLÉE FLUVIALE

▽ *Le cours inférieur forme des méandres dans une large plaine d'inondation.*

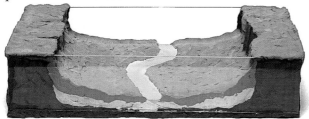

Ce qu'il te faut : une planche, du ruban adhésif, 2 plaques de plastique transparent, 4 briques, du sable, un pichet, de l'eau, du colorant alimentaire bleu, de la Plastiline (pâte à modeler) marron pour le fond rocheux, verte pour la végétation, blanche pour le lit du fleuve et jaune pour le sable.

1 Dispose les briques de chaque côté de la planche. Recouvre-les de Plastiline pour créer une vallée encaissée, comme ci-dessus.

2 Creuse le lit d'un fleuve faisant des méandres et enduis-le de Plastiline blanche. Ajoute un peu de Plastiline jaune pour rappeler les dépôts de sable sur les rives convexes des méandres.

3 Rends la vallée étanche en pressant les deux plaques de plastique transparent contre la pâte à modeler. Utilise du ruban adhésif si nécessaire. Remplis le pichet d'eau contenant un peu de colorant alimentaire bleu.

▽ *Lors des crues, des boues et des limons fertiles se répandent dans la vallée.*

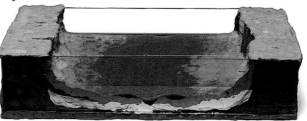

▽ *Des levées alluviales se forment des deux côtés du lit, là où du sable et des graviers se sont déposés.*

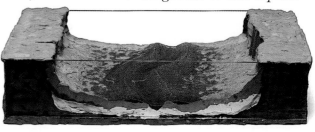

4 Ajoute un peu de sable à l'eau. Verse le mélange délicatement dans le cours du fleuve, comme ci-contre. Le fleuve va commencer à déborder de son lit ordinaire et à inonder la plaine environnante.

5 Retire avec précaution l'une des plaques de plastique et laisse s'écouler l'eau. La sable contenu dans l'eau devrait se répandre, comme les alluvions, en une mince couche sur l'ensemble de la plaine.

6 Refixe la plaque transparente. Verse encore un peu d'eau dans le lit du fleuve. Cette fois, l'eau devrait couler entre les deux levées alluviales qui se sont formées.

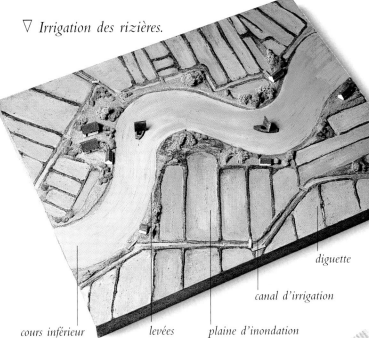

▽ *Irrigation des rizières.*

diguette

canal d'irrigation

cours inférieur   *levées*   *plaine d'inondation*

⁂ Une technique de puisage

Un chadouf est un appareil rudimentaire utilisé dans de nombreux pays pour puiser de l'eau et arroser les champs en bordure d'un cours d'eau. C'est un long balancier composé d'un seau à une extrémité et d'un contrepoids à l'autre. Le paysan plonge le seau dans le cours d'eau, tourne le chadouf et vide le seau sur les champs.

FABRICATION D'UN CHADOUF ⚠

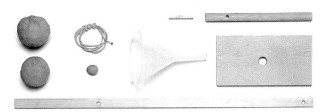

Ce qu'il te faut : une latte en bois de 60 cm de long, une planchette de bois de 18 x 10 cm, une tige de bois de section ronde (20 cm de long et 10 mm de diamètre), un entonnoir, de la Plastiline (pâte à modeler), de la ficelle, une cheville de 3 cm de long et de 4 mm de diamètre et une perceuse à main.

1 Perce un trou de 10 mm de diamètre au centre de la planchette et un trou de 4 mm de diamètre à un bout de la tige. Perce ensuite deux trous de 4 mm de diamètre dans la latte, comme montré ci-dessus.

2 Insère la tige (support vertical) dans la planchette (base) et renforce la stabilité avec de la pâte à mode-

♀♂ Les rizières en Chine

La Chine ne possède que 7 % des terres cultivables mondiales alors que sa population représente 20 % de l'humanité. Le riz, qui constitue la base de l'alimentation, est cultivé près des fleuves ou des rivières, car sa culture nécessite beaucoup d'eau. L'eau est acheminée vers les rizières par toute une série de canaux d'irrigation. De petits murs de pierre ou de terre appelés diguettes retiennent l'eau tandis que des vannes permettent de contrôler l'irrigation. Pendant la période de croissance du riz, le niveau de l'eau est surveillé et maintenu constant. Comme en Chine aucune parcelle de terre n'est laissée à l'abandon, les rizières sous l'eau sont parfois utilisées pour la pisciculture et les cultures de canne à sucre et de mûres sont pratiquées sur les berges entre les champs.

♀♂ Les risques d'inondation

Des populations nombreuses vivent dans des vallées exposées aux crues malgré les risques d'inondation, soit parce que la terre y est fertile soit parce qu'elles n'ont pas d'autre endroit où vivre. Au Bangladesh, la plus grande partie du pays est inondable. Chaque année, les inondations font d'innombrables victimes et emportent des maisons.

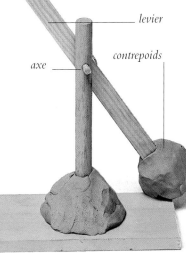

entonnoir

5 Puise de l'eau, remplis l'entonnoir, tourne ton chadouf et enlève le bouchon de pâte à modeler pour verser l'eau.

ler, mais la tige doit toujours pouvoir tourner librement. Passe la cheville (axe) dans le trou pratiqué dans la latte (balancier).

3 Prends une grosse boule de pâte à modeler pour faire un contrepoids au bout du balancier.

4 Fais si nécessaire deux trous dans le haut de l'entonnoir (seau) et attache la ficelle comme ci-dessus. Passe l'extrémité libre de la ficelle dans le trou en haut du balancier et attache-la à l'axe. Bouche le bas de l'entonnoir avec de la pâte à modeler.

levier

axe   *contrepoids*

Les deltas

La plupart des cours d'eau achèvent leur parcours dans la mer ou dans un lac. Le fleuve ralentit et dépose ses alluvions. Le gravier et le gros sable tombent au fond. Les particules d'argile et de limon, plus légères, sont déversées dans la mer ou au fond du lac. Progressivement, les sédiments s'étalent pour former de nouvelles terres aux bords légèrement en pente. Ce sont les deltas, du nom de la lettre grecque Δ (delta) semblable à la forme du delta du Nil, en Égypte.

Les activités humaines

Les deltas sont constitués de couches de sédiments riches en minéraux. Depuis des siècles, l'homme cultive les terres des deltas. Des villes importantes sont souvent construites sur ou à proximité de deltas, comme Shanghai, sur le Yangzi, Alexandrie dans le delta du Nil ou La Nouvelle-Orléans à l'embouchure du Mississippi. Au fur et à mesure que le delta progresse, les villes s'éloignent de la mer.

Les estuaires

Parfois, le niveau de la mer s'élève et noie la vallée située à l'embouchure d'un fleuve, créant un long entonnoir à partir de la côte appelé estuaire. Les **estuaires** ne sont pas remplis de sédiments comme les deltas mais contiennent une grande quantité de boues riches en éléments nutritifs pour la flore et la faune sauvages.

▷ *Quand le fleuve atteint le delta, il se divise en un certain nombre de bras appelés* **défluents,** *qui arrosent l'ensemble du delta.*

ferme en bordure des terres fertiles du delta

débordement d'eau le long des défluents avec dépôts de sédiments formant des levées

progression du delta à mesure que des sédiments se déposent

dépôt de sédiments dans la mer, au-delà de la limite du delta

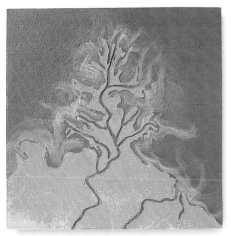

delta digité

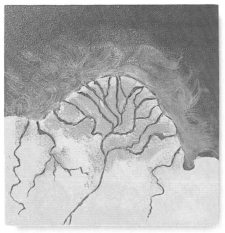

delta arrondi

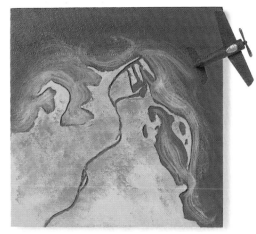

delta en pointe de flèche

⛰ Les types de deltas

La forme d'un delta dépend de la charge sédimentaire et du débit du fleuve ainsi que de la force et de la vitesse de la houle, des courants et des marées.

Quand une grande quantité d'alluvions est déversée dans des eaux de mer plutôt calmes, un delta digité se forme, avec de longs doigts correspondant aux sédiments apportés par les différents bras. Le delta du Mississippi appartient à ce type de delta.

Les deltas lobés ou arrondis sont en éventail. Ils se forment au débouché des fleuves lorsque l'action des vagues, des courants et des marées se fait sentir sans être trop forte. Les deltas du Nil, de l'Indus et du Rhône sont de ce type.

Quand un fleuve dépose ses alluvions sur un littoral où l'érosion marine est puissante, des deltas en pointe de flèche, au plan dissymétrique, se créent. Les vagues contraignent les sédiments à s'étaler vers l'extérieur, de part et d'autre de l'embouchure, formant une pointe recourbée.

RÉALISATION D'UN DELTA

Ce qu'il te faut : un très grand bac en plastique, des briques, du gravier, de l'eau, un colorant alimentaire bleu, un pichet, une planche et une planchette de bois.

1 Dispose les briques dans le bac comme indiqué. Elles représenteront les terres. Mets du gravier entre les briques. Pose la planchette sur le gravier, entre les briques, pour former une rampe.

2 Utilise la grande planche pour le fond marin. Place un peu de gravier à la base de la rampe, entre les briques (langue de terre) pour créer une plage.

3 Remplis le bac à moitié d'eau, pour figurer la mer. Mélange un peu de sable à l'eau colorée en bleu du pichet et verse-la à l'arrière du bac pour créer le fleuve.

◁ *Le dépôt de sable forme un delta lobé ou arrondi.*

Résultat : Au fur et à mesure que les sédiments (sable) s'écoulent vers l'aval, le delta devrait prendre la forme d'un éventail.

La lutte contre les eaux

Crues et inondations se manifestent par une montée soudaine des eaux que les rives d'un cours d'eau ne peuvent contenir. Le niveau de l'eau peut être dix fois plus élevé et le débit cent fois plus important que d'ordinaire. Les inondations peuvent résulter de phénomènes naturels (hautes eaux, orages violents ou fonte des neiges) ou avoir pour origine le ruissellement des eaux de pluie consécutif à un déboisement ou le drainage d'un marais en cours d'assèchement.

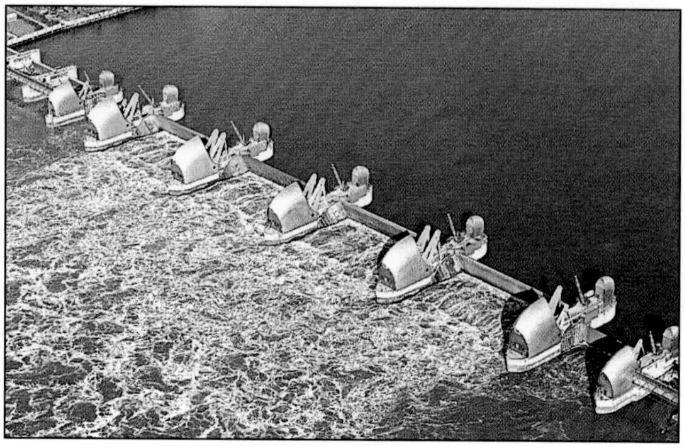

△ *Le Barrage de la Tamise, à Londres, a 10 vannes mobiles qui, relevées, forment un mur de 18 m de haut.*

La prévention

Les catastrophes naturelles sont inévitables, mais on peut réduire l'ampleur des dommages causés par la construction de digues et de remblais le long des cours d'eau et des côtes, des travaux de dragage pour élargir et approfondir le lit des voies fluviales ou la création de lacs de retenue pour l'écrêtement des crues, c'est-à-dire l'absorption des trop-pleins d'eau.

Les barrages mobiles

Des ouvrages hydrauliques peuvent prévenir la montée des eaux dans les villes. Londres, par exemple, risque toujours d'être inondé lors des grandes marées ou des tempêtes, car le sol londonien s'enfonce peu à peu tandis que le niveau marin s'élève. Un barrage mobile sur la Tamise empêche les eaux de remonter le cours du fleuve.

CONSTRUCTION D'UNE VANNE DE BARRAGE MOBILE ⚠

Ce qu'il te faut : des graviers, de la Plastiline, un bac en verre ou en plastique transparent, une tige en bois ronde de 20 cm de long (axe), deux talons de gouttière, 34 cm de longueur de gouttière, une planchette en pin (base) de 20 x 8 cm, 2 planchettes en pin (montants) de 15 x 5 cm et une perceuse à main.

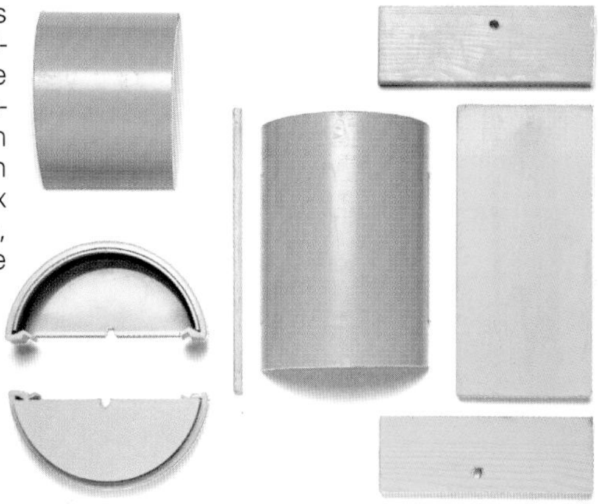

Remarque : Les dimensions de la vanne dépendent de la taille du bac utilisé.

1 Perce deux trous de 5 mm ø dans les montants. Pour le support, colle les deux montants sur la base. Peins le support.

2 Coupe 18 cm de gouttière. Fais une petite encoche semi-circulaire sur chaque talon. Fixe les talons aux deux extrémités de la longueur de gouttière pour faire la vanne.

3 Fais reposer l'axe en bois dans les deux encoches pratiquées sur les talons et fixe le tout aux montants. Glisse la longueur de gouttière restante (16 cm) sous la vanne.

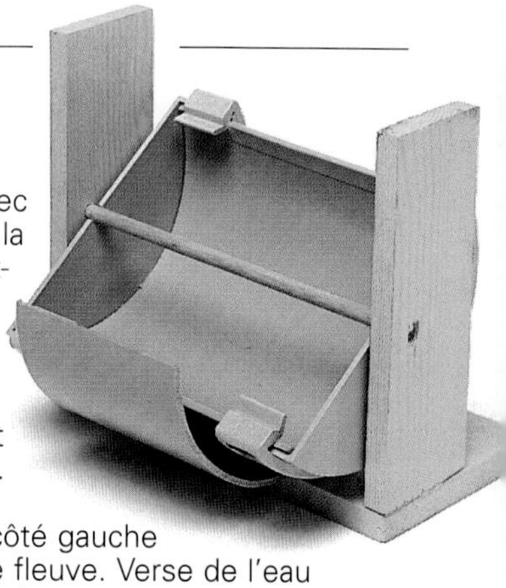

4 Assure l'étanchéité avec de la Plastiline entre la seconde longueur de gouttière et la base. Place la vanne et un lit de graviers au fond du bac. Assure l'étanchéité avec de la Plastiline entre le support et le bac. Relève la vanne.

5 Verse un peu d'eau du côté gauche du bac pour représenter le fleuve. Verse de l'eau à droite (marée montante). La vanne empêche l'écoulement du fleuve et retient la marée. Abaisse maintenant la vanne de façon qu'elle soit horizontale, comme ci-dessous. Lorsque le niveau est le même de chaque côté de la vanne, les bateaux peuvent passer.

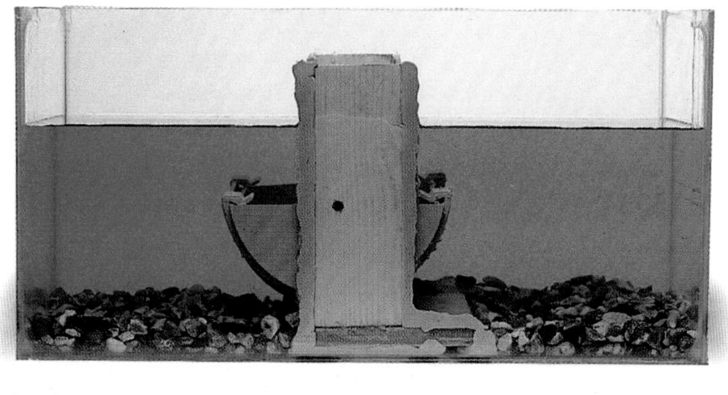

⚤ Les digues et levées de terre

Les grands fleuves connaissent de très fortes crues. C'est pour-quoi le Mississippi, par exemple, est protégé par 5 793 km de digues ou levées faites de terre, de sable et d'enro-chements. La terre servant à la construction est généralement prélevée dans les terrains avoisi-nants, le long du fleuve. Les excavations les plus importantes sont ensuite mises en eau et deviennent des lacs artificiels.

Le Bangladesh et d'autres pays en dévelop-pement, où les inondations font chaque année d'innombrables victimes, ne peuvent consa-crer un budget trop important à la lutte contre les eaux. Les digues sont souvent construites avec des matériaux de for-tune : terre, troncs d'arbres, vieux pneus ou tôle ondulée.

⛰ De nouveaux problèmes

La construction de digues et de levées fait surgir de nou-veaux problèmes. L'absence de crues empêche le dépôt de limons fertiles dans la plaine, diminuant ainsi la richesse des terres agricoles. Les portions de cours d'eau endiguées cana-lisent des eaux susceptibles d'inonder des zones non proté-gées plus en aval.

sacs de sable pour assurer
une protection supplémentaire

excavation

digue
ou levée
de terre

végétation
dont les racines
absorbent l'eau et fixent le sol

△ *Levées artificielles sur les bords du Mississippi, aux États-Unis.*

▽ *Relevée, la vanne retient les eaux de la marée montante.*

La gestion des eaux

Fleuves et rivières ainsi que les terres riveraines sont utilisés pour l'agriculture, l'industrie, l'énergie, les transports, l'approvisionnement en eau et les loisirs. La faune et la flore sauvages viennent aussi y trouver refuge. L'homme rompt parfois l'équilibre du milieu fluvial par ses excès, qu'il s'agisse de prélèvements d'eau, de pollution ou de surexploitation des ressources de la pêche. Il essaie également de prévenir les inondations en aménageant le lit des cours d'eau. Souvent, les grands fleuves arrosent plusieurs pays qui ne parviennent pas toujours à s'entendre sur la manière de gérer les ressources d'une voie fluviale.

△ *La propreté et l'absence de pollution assurent la présence de saumon et d'autres espèces dans les rivières.*

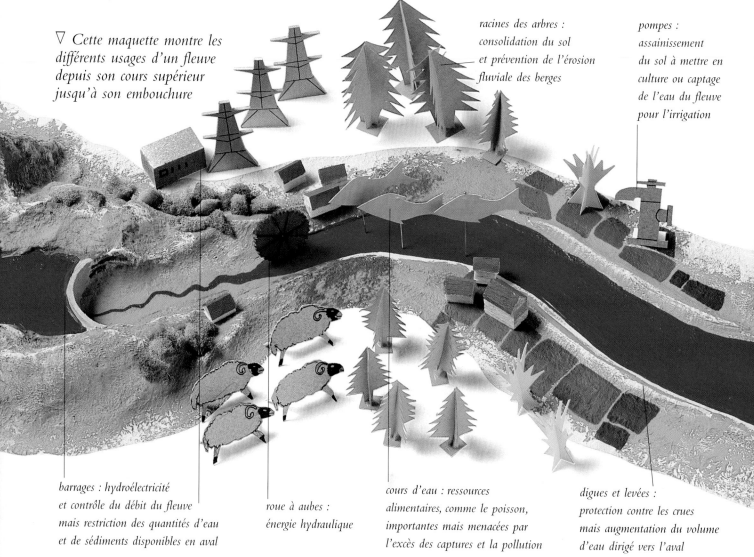

▽ *Cette maquette montre les différents usages d'un fleuve depuis son cours supérieur jusqu'à son embouchure*

racines des arbres : consolidation du sol et prévention de l'érosion fluviale des berges

pompes : assainissement du sol à mettre en culture ou captage de l'eau du fleuve pour l'irrigation

barrages : hydroélectricité et contrôle du débit du fleuve mais restriction des quantités d'eau et de sédiments disponibles en aval

roue à aubes : énergie hydraulique

cours d'eau : ressources alimentaires, comme le poisson, importantes mais menacées par l'excès des captures et la pollution

digues et levées : protection contre les crues mais augmentation du volume d'eau dirigé vers l'aval

🏃 Les besoins en eau et la pollution

Chaque jour, nous prélevons environ 4/5 des réserves d'eau douce fournies par les eaux courantes de surface ou les eaux souterraines. Comme la population mondiale augmente, la pénurie d'eau représentera d'ici peu un problème plus grave que la pénurie alimentaire.

La propreté des eaux utilisables constitue un autre sujet de préoccupation. Dans les pays en développement, la lutte contre la pollution représente un coût démesuré. Il arrive donc souvent que les eaux courantes, faute d'être traitées avant et après usage, soient contaminées et dangereuses pour la santé des populations. Les pays développés aussi doivent faire face à de sérieux problèmes d'environnement, notamment au déversement d'effluents industriels dans les cours d'eau.

🏔️🏃 La gestion des cours d'eau

Dans le monde entier, les populations sont dépendantes des fleuves et des rivières, mais la gestion des cours d'eau reste problématique. Pour éviter des catastrophes naturelles, il est important de comprendre les mécanismes qui régissent le milieu fluvial et ce qui peut arriver si l'on modifie le cours des fleuves et des rivières.

Parfois, l'intervention de l'homme sur les cours d'eau est trop lourde. La construction de barrages et de digues ne sont pas un aménagement très naturel. Ils préservent les populations des inondations et autres catastrophes en un lieu, mais présentent à terme des dangers ailleurs, car les cours d'eau choisissent ensuite la voie la moins contraignante pour s'écouler. Il faut donc toujours prendre en compte un fleuve ou une rivière dans sa globalité et non pas une portion du cours isolément.

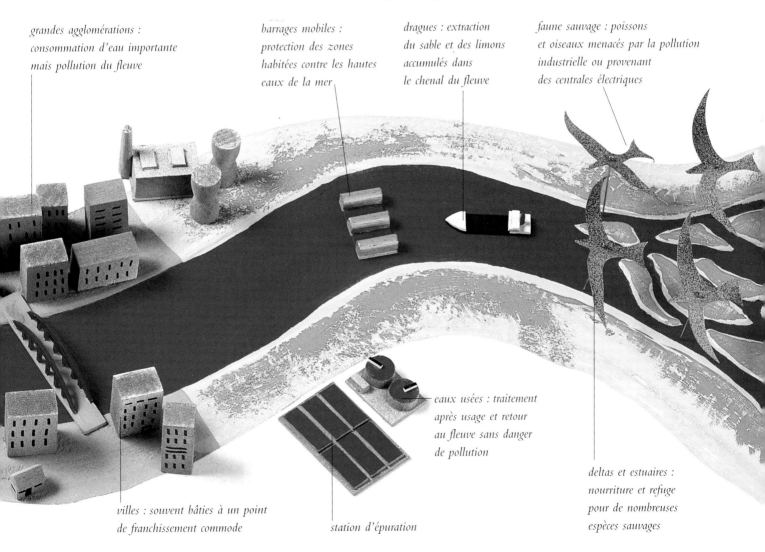

grandes agglomérations : consommation d'eau importante mais pollution du fleuve

barrages mobiles : protection des zones habitées contre les hautes eaux de la mer

dragues : extraction du sable et des limons accumulés dans le chenal du fleuve

faune sauvage : poissons et oiseaux menacés par la pollution industrielle ou provenant des centrales électriques

eaux usées : traitement après usage et retour au fleuve sans danger de pollution

deltas et estuaires : nourriture et refuge pour de nombreuses espèces sauvages

villes : souvent bâties à un point de franchissement commode

station d'épuration

Glossaire

affluent Cours d'eau qui se jette dans un autre cours d'eau en un endroit appelé confluent.

alluvions Matériaux (sables, limons, argiles, etc.) déposés par les cours d'eau, notamment dans leur cours inférieur et les deltas.

aquifère Se dit d'une formation géologique souterraine, poreuse et perméable, qui absorbe et contient de l'eau.

atmosphère Air enveloppant la Terre et composé d'un mélange de gaz.

barrage Ouvrage construit en travers d'un fleuve ou d'une rivière pour retenir l'eau. Il peut être utilisé pour corriger le débit du cours d'eau et éviter les inondations ou diriger le courant vers des turbines pour la production d'électricité.

bassin versant Ensemble de la zone drainée par un cours d'eau et ses affluents. Également appelé bassin hydrographique ou bassin d'alimentation.

bras mort Méandre recoupé et abandonné, occupé par un lac en forme de croissant.

canyon Grande vallée profonde aux flancs abrupts.

charge Sédiments transportés par un fleuve ou une rivière. Il en existe trois types : la charge en solution ou charge soluble (matériaux dissous dans l'eau), la charge en suspension (fines particules flottant dans l'eau) et la charge de fond (sédiments plus lourds et plus gros, roulés au fond de l'eau).

courbe de niveau Sur une carte, ligne reliant tous les points de même altitude.

cours inférieur Partie inférieure d'une rivière ou d'un fleuve, qui traverse des terrains presque plats jusqu'au confluent ou à l'embouchure. Les eaux déposent davantage d'alluvions qu'elles n'en emportent.

cours moyen Partie moyenne d'une rivière ou d'un fleuve, communiquant avec le cours supérieur et le cours inférieur. Les eaux serpentent dans le paysage, se chargent de sédiments plus fins et déposent des alluvions.

cours supérieur Partie supérieure d'une rivière ou d'un fleuve à partir de sa source. Les eaux creusent des vallées et peuvent donner naissance à de véritables gorges.

défluents Bras secondaires d'un cours d'eau dans un delta, qui transportent les sédiments du bras principal et qui les diffusent dans le delta.

delta Accumulation de sédiments déposés par un fleuve ou une rivière à son embouchure, c'est-à-dire en bordure de la mer ou d'un lac.

eaux souterraines Ensemble des eaux au-dessous de la surface du sol et occupant les interstices des terrains poreux et perméables.

éperons entrelacés Dans une vallée, imbrication d'avancées en pointe de contreforts montagneux que le cours d'eau doit contourner. Au fil du temps, ils subissent l'érosion des eaux courantes et deviennent tronqués.

érosion Usure et dégradation du relief sous l'action de l'eau, du vent et de la glace.

estuaire Embouchure évasée d'un fleuve, qui constitue l'interface entre les eaux douces et les eaux salées.

fossiles Restes de plantes ou d'animaux préhistoriques, conservés dans le sol.

géologie Science de l'histoire de la Terre fondée sur l'étude des roches constituant l'écorce terrestre.

glacier Grande masse de glace résultant de la compression de la neige dans une dépression montagneuse.

hydraulique Relatif à l'action et à l'énergie de l'eau, notamment aux techniques et ouvrages en rapport avec l'eau.

hydroélectricité Électricité produite par des turbines entraînées par la force puissante de l'eau tombant d'une certaine hauteur.

hydrographique Relatif au tracé et à la répartition des eaux, comme le bassin et le cours d'un fleuve ou d'une rivière.

hydrologique Relatif aux propriétés et aux mouvements des eaux, comme le débit et la gestion d'un fleuve ou d'une rivière.

irriguer Apporter de l'eau à des cultures et des pâturages par tous les moyens artificiels. Presque 20 % des terres cultivées dans le monde sont désormais irriguées.

limons Sédiments à grain très fin transportés et déposés par un cours d'eau.

méandre Sinuosité naturelle d'un fleuve ou d'une rivière, souvent sur son cours moyen.

nappe phréatique Nappe d'eau souterraine d'un terrain saturé d'eau et alimentant les puits et les sources. Le niveau de la nappe s'élève après des précipitations et baisse en période de sécheresse.

pays développés Pays riches comme ceux de l'Amérique du Nord ainsi que d'une partie de l'Europe ou de la zone Asie-Pacifique, fortement industrialisés et au niveau de vie élevé pour la majeure partie de la population.

pays en développement Pays pauvres de certaines régions d'Afrique, d'Asie et d'Amérique latine qui tentent de s'industrialiser et d'améliorer la situation économique et sociale de la population.

perméable Une formation géologique qui se laisse traverser par l'eau est dite perméable. Certaines roches comme le calcaire sont très perméables. Les roches imperméables telles que l'ardoise ou le granit, en revanche, ne laissent pas passer l'eau.

plaine d'inondation Plaine inondable de chaque côté du lit mineur (lit ordinaire) d'un cours d'eau et couverte d'alluvions déposés par le fleuve ou la rivière lors des crues. On l'appelle aussi lit majeur.

poreux Une formation géologique qui retient l'eau est dite poreuse. Le degré de porosité dépend du nombre de pores de la roche ou du sol. La craie est une roche poreuse.

rapides Partie du cours supérieur d'une rivière où le courant est rapide et agité. Ces turbulences sont aussi appelées eaux vives.

réseau hydrographique Ensemble des cours d'eau d'un même bassin versant.

roche sédimentaire Type de roches, comme la craie ou le grès, constitué du dépôt, pendant des millions d'années, de sédiments d'origine minérale ou organique.

sédiments Particules solides meubles provenant de débris de roches ou d'organismes vivants, transportées et déposées par les cours d'eau.

stalactite Concrétion calcaire en forme de pic de glace et pendant du plafond d'une grotte.

stalagmite Concrétion calcaire en forme de cône déposée sur le sol d'une grotte, souvent en dessous d'une stalactite.

vallée fluviale Dépression étroite et allongée où coule un cours d'eau. Dans la partie supérieure du fleuve ou de la rivière, les vallées sont étroites et encaissées. Plus en aval, elles s'élargissent et suivent une pente plus douce.

vapeur d'eau Eau à l'état gazeux dans l'atmosphère.

Index

Les expériences et les objets à réaliser sont en caractères **gras.**

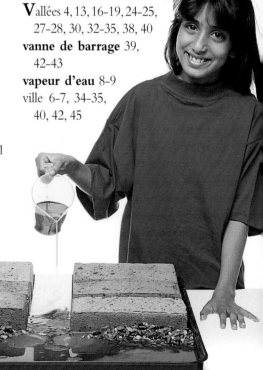